MARCO POLO

LANZAROTE

Reis
Insid
Diese Tips sind
Empfehlungen
Sie sind im Te

Sechs Symbole sollen Ihnen
die Orientierung in diesem Führer erleichtern:

★
für Marco Polo Tips – die besten in jeder Kategorie

für alle Objekte, bei denen Sie auch eine schöne Aussicht haben

für Plätze, wo Sie bestimmt viele Einheimische treffen

für Treffpunkte für junge Leute

(A 1)
Koordinaten für die Übersichtskarte

Die Marco-Polo-Route verbindet die schönsten Punkte von Lanzarote zu einer Idealtour

Diesen Reiseführer schrieb Francis Verdonk.
Die Kunstdozentin kam 1974 erstmals nach Lanzarote, lebte dort viele Jahre und wurde durch zahlreiche Veröffentlichungen als Kennerin der Kanarischen Inseln bekannt.
Die Marco Polo Reihe wird herausgegeben von Ferdinand Ranft.

MAIRS GEOGRAPHISCHER VERLAG

Unsere Autoren haben nach bestem Wissen recherchiert. Trotzdem schleichen sich manchmal Fehler ein, für die der Verlag keine Haftung übernehmen kann.

Titelbild: In den Feuerbergen (Schapowalow/Nebe)
Fotos: Aanderud (52); Baumli (32, 72); Heinze (Anreise, 4, 40, 77, 91); Jung (22, 24, 65); Kallabis (48); Kühn (30); Lade: Arand (63), hl (26); Mauritius: Gierth (54, 82), Schmied (78); Silvestris: Stadler (14, 20); Strobel (7, 11, 38, 47, 49, 68, 84); Transglobe: Mollenhauer (75), Roth (58), Schrader (16), Tschanz-Hofmann (71); White Star (18)

5., aktualisierte Auflage 1996

Lektorat: Gisela Kramer
Gestaltung: Thienhaus/Wippermann (Büro Hamburg)
Kartographie: Mairs Geographischer Verlag, Hallwag
Sprachführer: In Zusammenarbeit mit Ernst Klett Verlag für Wissen und Bildung GmbH, Redaktion PONS Wörterbücher

Printed in Germany
Gedruckt auf 100% chlorfreiem Papier

INHALT

Entdecken Sie Lanzarote!

Feuer und Wasser, Luft und Erde verschmelzen zu einem außergewöhnlichen Erlebnis

Die Erde wölbte sich empor zu einem mächtigen Berg und zerplatzte in zweiunddreißig Krateröffnungen, Feuer schlug zum Himmel empor und flammte neunzehn Tage lang. Glühende Lava strömte aus und wälzte sich über die Flanken des Timanfaya. Das war am ersten Septembertag des Jahres 1730 zwischen neun und zehn Uhr. Im Oktober taten sich drei neue Erdfalten auf mit neuen Explosionen und mit einem Aschenregen, der den Tag verdunkelte. Sechs Jahre lang dauerte der schwerste Vulkanausbruch in der neueren Erdgeschichte. Seine Beschreibung verdanken wir dem Dorfpfarrer von Yaiza, jenem Dorf, das verschont blieb.

Es ist die grandiose Schönheit der Feuerberge, die fasziniert, der erstarrte Zorn der Vulkane. Die Insel erwartet uns mit vielen Überraschungen: Es ist das Kolossale und Nackte, das Bizarre und Chaotische dieser Landschaft, die Kontraste von erstarrter Lava und menschlichem Erfindergeist, der den Tau der Nacht nutzte, um Weinstöcke und Kartoffelpflanzen grünen zu lassen.

Eruption und Erosion bestimmen die Gestalt der nordöstlichsten Kanareninsel, 125 Kilometer von der afrikanischen Küste entfernt. Die viertgrößte Insel des Archipels ist 60 Kilometer lang und mißt an der breitesten Stelle 21 Kilometer. Die unbewohnten Eilande Alegranza, Montaña Clara, die Felsspitzen Roque del Este und Roque del Oeste sowie die bewohnte kleine Insel Graciosa, seit 1995 erstes Meeresreservat der Kanaren.

Rund 70000 Menschen bewohnen die Insel, darunter mehrere tausend Nordeuropäer – Engländer und Deutsche vor allem –, die hier ihre Pensionen genießen. Wurden noch 1971 nur knapp 22000 Besucher registriert, inzwischen ist die Millionengrenze überschritten worden. Was also hat Lanzarote in zwei Jahrzehnten zu einem so lockenden Ferienziel gemacht? Es ist gewiß nicht nur die Garan-

In Guatiza finden Sie bei der Windmühle diesen Kaktusgarten, die letzte Arbeit von César Manrique

tie des schönen Wetters, es sind nicht die Strände und die Möglichkeit, schon im Februar im Meer baden zu können. Das bieten andere Ziele, andere Kanareninseln auch. Es ist das Karge, der Reiz des Urtümlichen, es ist das ungewohnte Farbenspiel und das unheimliche Gefühl, auf einem Stück Erde zu stehen, unter dem die Vulkane schlafen. Lanzarote ist die eigenwilligste der Kanarischen Inseln, die ihre Schönheit dem Besucher nicht auf den ersten Blick zeigt, die niemanden gleichgültig läßt. Es ist eine Insel, die der Besucher entweder ablehnt oder der er verfällt, deren Bilder ihn immer wieder aufs neue begeistern: ein Stück Mond mit dem Lächeln der Sonne.

Auf der Suche nach einem Stück Land für den kastilischen König war der Edelmann Jean de Béthencourt aus der Normandie 1402 mit seiner Karavelle an der Küste von Lanzarote gelandet. Von der Freundlichkeit der Einwohner und der Schönheit der Insel war er so überrascht, daß er die frohe Botschaft an den Königshof nach Sevilla übermittelte und damit den entscheidenden Anstoß gab, den zwischen dem 27,5. und 29. Breitengrad gelegenen Archipel zu erobern. Mögen sie einst am Rande der bewohnten Welt gelegen haben, heute sind die Kanaren daher die einzigen europäischen Inseln mit subtropischem Klima. Einmal unterworfen, assimilierten sich die Ureinwohner, die Majos, mit den Eroberern. Lanzarote, dessen erdgeschichtliches Alter zwischen 23 bis 12 Millionen Jahre geschätzt wird, steht daher seit fünfhundert Jahren in der abendländischen Tradition.

Das geheimnisvolle Lanzarote hat schon immer eine magische Anziehungskraft auf Reisende ausgeübt. Es kamen die Phönizier und Griechen, die Römer, Karthager, die Berber, Normannen, die Spanier, Portugiesen, die Piraten und auch die Sklavenhändler. Die bizarre Vulkaninsel hat immer wieder zu zahlreichen Spekulationen sowohl unter Romantikern als auch unter Wissenschaftlern angeregt. Einmal wurden hier die paradiesischen Gärten der Hesperiden angesiedelt, dann sollen Lanzarote und die übrigen Kanaren Teil des untergegangenen Kontinents Atlantik gewesen sein. Aber all das gehört ins Reich der Fabeln. Unbestritten bleibt: Lanzarote ist vulkanischen Ursprungs.

Die lavastarrende Insel hat ein Schönwettermonopol. Und jenes paradiesische Klima ist einer der Gründe, daß dieses Eiland einen so guten Ruf hat. Der ständig über die Inselgruppe hinwegziehende Passat sorgt dafür, daß das Land nicht von der afrikanischen Sonne verbrannt wird, und auch dafür, daß Regen fällt und Tau Feuchtigkeit spendet. Allgemein sind die Sommer warm und trocken, die Winter warm und feucht. Die Temperaturen sinken selten unter 18 Grad; die Durchschnittswerte liegen zwischen 20 und 25 Grad. Nur wenn die trockenen Winde aus der Sahara über den Archipel fegen, kann sich das Klima auf 45 Grad aufheizen. Vieles ist herangeweht worden vom Passat. Vögel. Ab und zu Heuschrecken und auch Pflanzensamen.

Es war ein Glück, daß die Neuzeit, die touristische Erschließung der Insel, mit Verspätung begonnen hat. So wurde die Küste nicht mit Hochhäusern zugestellt, sondern es wurden flache Bungalow- und Hotelanlagen gebaut. Das einzige Hochhaus steht in der Hauptstadt, ein Hotel. Seit 1990 ist es leer. – Die Entwicklung ist sprunghaft verlaufen. Die Bewohner nehmen durchaus am Segen der touristischen Zivilisation teil. Schließlich hat man lange genug in Armut gelebt. Heute bestimmt nicht mehr der träge Gang des Esels, sondern der Geländewagen den Tagesrhythmus.

Im Dunkel der Geschichte liegt der Ursprung der Bevölkerung. Untersuchungen weisen aus, daß jene Ureinwohner, die Majos (auch Majoreros), von Südfrankreich über Nordafrika nach Lanzarote zogen. Unklar ist, wie die Menschen, die den Bootsbau nicht beherrschten, die Inseln erreicht haben könnten. Das Handwerkszeug der Alt-Kanarier bestand aus Stein. Eisen war ihnen unbekannt. Nur wenige Zeugnisse, wie etwa 10 000 Jahre alte Knochenfunde, sind erhalten geblieben. Bedeutende »Schriftfunde« sind die gemeißelten Steine von Zonzamas auf Lanzarote. Dabei handelt es sich um Zeichen der kretischen Linearschrift. Rund 1300 »Wörter« der Alt-Kanarier sind erhalten geblieben. Die Stämme wurden von Menceys geführt, den Königen. Von den Frauen der Ureinwohner weiß man, daß sie eine starke politische Stellung hatten. Schon im Altertum war die Insel bekannt. Erst im 14. Jahrhundert begann ihre eigentliche Eroberung. 1325 landete der Genuese Lanzarotto Malocello auf Lanzarote. Aber erst

Vegetationsloses Lavagestein neben einem Blütenmeer

mit Jean de Béthencourt begann im Jahre 1402 die systematische Eroberung des Archipels.

Auf Lanzarote wird die Kunst des Trockenanbaus, *enarenado artifical*, angewendet. Mit erstaunlichen Ergebnissen: Mais, Wein und Zwiebeln, Kartoffeln und Tomaten gedeihen so auf dem ausgetrockneten Boden. Auf das Erdreich wird eine dicke Schicht *lapilli*, poröse Vulkansteinchen, geschüttet, die die Eigenschaft besitzen, die Feuchtigkeit des Passatwinds aufzufangen und an die Wurzeln der Pflanzen weiterzuleiten. Mit 1200 Hektar Weinfläche gehört Lanzarote zu den größeren Weinanbaugebieten der Kanaren. Die Hitzewelle im Juli 1994 vernichtete etwa eine Mio. Kilo Trauben. Auch 1995 wurde die Ernte durch Pilzbefall bedroht. Der Einsatz von Schwefel rettete die Pflanzen. Wirtschaftlich wichtig ist der Export von Tomaten und Zwiebeln. Aber die Landwirtschaft geht zurück. Immer mehr Bauern lassen ihre Äcker verkommen. Sie ernten keine Mandeln oder Feigen mehr, weil es die Mühe nicht lohnt. Das ist die Kehrseite des touristischen Booms. Das letzte Kamel mit Ackerpflug wurde im Sommer 1994 gesichtet.

Die geographische Lage, mehr Afrika als Europa zugeordnet, die strahlende Sonne, das blaue Meer und die frische Brise, die die Hitze erträglich macht, stehen für die Ferienlandschaft Lanzarote. Mehr als zwei Drittel der Bevölkerung sind im Tourismus beschäftigt, die Einnahmen machen rund drei Viertel des Bruttosozialproduktes aus. Der Lebensstandard der Einwohner ist höher als der auf dem spanischen Festland. Die Infrastruktur, soweit sie beispielsweise den Verkehr betrifft, ist dichter als in Spanien. Der Tourismus ist der bedeutendste Wirtschaftszweig. Aus Galizien und aus Andalusien, aus dem Baskenland und Murcia kommen die jungen Spanier, um im Hotel- oder im Baugewerbe Arbeit zu finden. Viele Einheimische sind reich geworden, sie lassen arbeiten. Äußeres Anzeichen des Wohlstandes ist der große und moderne Wagenpark, sind die Boutiquen und die glitzernden Bankgebäude in Arrecife. Die meisten Staubpisten sind inzwischen asphaltiert, das Tankstellennetz ist ausgebaut.

Beim Anblick der verbrannten Landschaft steht dem Betrachter fast der Atem still. Doch das Entdecken der Natur gehört zum Inselabenteuer. Da gibt es endemische Arten, Gewächse,

Grün-Weiß-Manie

César Manrique, Totalkünstler und Prophet, hat nicht nur die Insel vor Hochbau bewahrt, er hat ihr auch zu einem neuen Farbeffekt verholfen.

Für den Architekten Luis Ibáñez war Grün eine spielerische Farbvariante, die in einem dynamischen Verhältnis zum schwarzen Boden und den blaugestrichenen Holztüren stand. Manrique aber war von dem farbenfrohen Effekt derart hingerissen, daß dank seines Einflusses überall auf der Insel das ursprüngliche Blau und Braun der Fensterläden und Türpfosten dem Grün weichen mußte. Es gab ein Baugesetz, in dem vorgeschrieben war, Grün als Hauptfarbe zu verwenden. So verschwanden allmählich die traditionellen Inselfarben und mit ihnen die unentbehrlichen Kontraste, um eine Farbspannung aufrechtzuerhalten. Das Grün, einmal so innovierend in der weißen Atlantik-Architektur, verwandelte die Dörfer und Städtchen in eine Art Operetten-Landschaft. Da konnte es nicht ausbleiben, daß Gegner ihr Holzwerk aus Protest rosa oder gar gelb strichen.

Der Farbenstreit ist lange Vergangenheit. So werden bei fast allen Neubauten und Apartmentanlagen Fenster und Türen in leuchtendem Blau gestrichen.

die nur hier und sonst nirgendwo mehr auf der Erde wachsen, wie etwa die rosa blühende *Aeonium lancerottense*, auffallend die große gelbblühende *Ferula lancerottensis*. Man findet sie an den Berghängen des Famaragebirges. Andere endemische Pflanzen blühen im Norden der Insel und auf der dort vorgelagerten Insel La Graciosa. Es sind Pflanzen, die noch während der letzten Eiszeit im Mittelmeerraum zu Hause waren. Jene wärmeliebenden Pflanzen fanden, nachdem die ansteigende Kälte sie dort absterben ließ, hier ideale Bedingungen vor. Ihr Bestand ist freilich nun durch den Eingriff der Menschen gefährdet. Allerdings wächst der Kreis derer, die sich für die Umwelt einsetzen. Und so werden Palmenbäume gepflanzt und Drachenbäume, *Dracaena draco*, gezüchtet. Dieses Pflanzenfossil ist seit rund 20 Millionen Jahren bekannt. In Tinajo stehen mehrere dieser prähistorischen Liliengewächse.

Besonders eindrucksvoll ist die Oase von Haría, wo die schattenspendende *Phoenix canariensis*, die ihren Lebenssaft aus dem feuchten Grund des wasserreichen Inseltals bezieht, zu Hunderten grünt. Sie trägt ungenießbare Dattelfrüchte. Sie ebenso wie die Opuntien gehören zum Landschaftsbild, desgleichen die Fetthennengewächse, der Dachwurz, die wilden Geranien oder die zahlreichen Pflanzengemeinschaften der Tabaibales und Cardonales. Die Cardonales mit ihren fünfkantigen Säulen werden als Kakteen angesehen. Zum Teil meterhoch wuchert die Tabaibales und dominiert das Landschaftsbild. Einen farbenfrohen Kontrast zu dieser grün-gelbblau aussehenden Pflanze bilden die hohen gelben Ginstersträucher und die knallroten Bougainvilleen.

Um dieses faszinierende Land zu schützen und seine Naturschönheiten, die Jahrtausende zur Reife nötig hatten, nicht binnen einer touristischen Generation zu zerstören, haben sich eine Reihe von Umweltschutzgruppen gebildet. Das war nötig, weil das Umweltbewußtsein weder in der Bevölkerung noch, leider, bei den Touristen sehr entwikkelt ist. Müll und Abfall fliegen durch die Landschaft, Autowracks verzieren die Lavaberge, Weinflaschen, Plastikbecher und sonstiger Picknickmüll werden von den ausländischen Badegästen an den Stränden zurückgelassen. Bunt wehen die Plastiktüten über die Zwiebelfelder und durch die Ginsterbüsche.

Trinkwasser gibt es genug, ein Problem ist die Aufbereitung. Jeder Tropfen, der aus einem undichten Wasserhahn fällt, jeder Liter, der durchs WC rauscht, kommt aus dem Meer. Um 100 Liter sogenanntes Süßwasser zu erhalten, werden acht Liter Öl verheizt. Die Produktion von einem Kubikmeter kostet etwa 500 Peseten. Verkauft wird der Kubikmeter für rund 125 Peseten, der Fehlbetrag wird von der spanischen Regierung in Madrid jährlich mit knapp 300 Millionen Peseten subventioniert. Mit dem Dorf El Golfo sind seit 1995 alle Orte – außer zwei kleinen Weilern – ans öffentliche Wassernetz angeschlossen.

Lanzarote, die *Purpuraria*, wie die Römer sie nannten, hat als Reiseziel Karriere gemacht, und fast alle profitieren. Die Einwohner, die Gäste und die Spekulanten auch. Der Durchbruch zum beliebten Reiseziel passierte, als die ersten wunderschönen Bilder von den tiefschwarzen Sandstränden, vom blau-türkisfarbenen Meer, vom marineblauen Himmel und den ascheschwarzen Piconfeldern in den Magazinen erschienen und unser Aufsehen erregten.

Die Beliebtheit von Lanzarote hat natürlich etwas mit den Vulkanbergen, mit der pittoresken Lava zu tun, aber auch mit dem Licht, den Stränden und der Sehnsucht nach dem einfachen Leben. Es sind die Kontraste zwischen den braunrot ausgebrannten Vulkanbergen im Nationalpark Montañas del Fuego, den dunklen Steilklippen von Los Hervideros und den weißen Sandstränden bei Punta de Papagayo von Janubio, die die Menschen anziehen. Außerdem sind da noch die Palmengärten von Haría und die Weinberge bei La Geria, die weißen Dörfer wie Yaiza, die Feriensiedlungen bei Puerto del Carmen oder Playa Blanca und die künstliche Ferienstadt an der Costa Teguise.

Die Insel ist längst nicht mehr nur Saisonziel für wintermüde Europäer. Saison ist das ganze Jahr, in erster Linie für britische und deutsche Touristen. Für jede der beiden Nationalitäten gibt es eine eigene Infrastruktur: So gibt es deutsche Bäcker, Schlachter, deutsche Kneipen, deutsche Ärzte, deutsche Anlageberater und deutsche Zeitungen.

Der Tourismus hat einzelne Regionen auf Lanzarote grundlegend verändert. Das trifft für die Hauptstadt Arrecife zu, für die Costa de Teguise, Puerto del Carmen mit seiner hübschen Promenade und für das ehemalige Fischerdorf Playa Blanca im warmen Süden. Der bei einem Verkehrsunfall ums Leben gekommene Maler und Bildhauer César Manrique hatte sich seit Jahren für die Insel eingesetzt. Er sagte einmal: »Die Entwicklung ist zu schnell gegangen. Die traditionellen Strukturen, auf die wir so stolz waren und die uns Halt gaben, müssen wieder hergestellt werden.« Prophetische Worte.

Jetzt ist der Fortschritt kaum noch aufzuhalten. Wurden 1971 rund 20 000 Besucher registriert, zählte man in den letzten zehn Jahren rund fünf Millionen Touristen. Die touristische Infrastruktur in den Sonnenstädten an der Küste funktioniert allerdings nahezu perfekt. Lange war die Wasserversorgung ein Problem. Inzwischen produzieren die Meerentsalzungsanlagen genügend Wasser. Den Bauern ist das subventionierte Wasser dennoch zu teuer. Rund 900 Liter stehen täglich jedem Menschen auf Lanzarote zur Verfügung. Tag für Tag werden die neu angelegten Parkanlagen in Puerto del Carmen, die Palmenalleen an der Costa Teguise mit dem hoch subventionierten Wasser gesprengt. Ganze Bungalowanlagen verschwinden hinter grünen Hecken. Zwischen Kakteen und Agaven blühen Hibiskus, Bougainvilleen und wilde Geranien.

Drei Jahrzehnte Tourismus haben die Menschen aber auch nachdenklich gemacht. Zugegeben, die Geschäfte laufen jetzt gut, und die meerumspülte Insel gilt seit Jahren als exklusives, auch teures Reiseziel. Aber Katastrophenmeldungen aus den Jahren 1989 und 1990, als die Urlauber nicht mehr so selbstverständlich die Insel anflogen, haben eine Bewußtseinsänderung bewirkt. Die Politiker wurden erstmals mit der Tatsache konfrontiert, daß man nicht nur Hotelbetten zur Verfügung stellen muß und die Fremden dann von selber kommen. Man mußte umdenken. Es wurde dazu aufgerufen, Umweltsünder anzuzeigen, der Ruf nach mehr Sauberkeit wurde laut, man dachte erstmals darüber nach, wie man die Lärmbelästigung und Luftverschmutzung reduzieren könnte. Es wurden Schulungskurse für das in der Tourismusbranche tätige Personal angeboten; die ungehemmte Bauwut sollte eingedämmt werden. Ein wenig hat es genutzt. Aber die für die ökologischen Probleme sensibilisierte Öffentlichkeit fordert die Fortsetzung eines sanften, grünen Tourismus, den *turismo verde*. Inzwischen hat die Provinzialregierung in Las Palmas einen allgemein verbindlichen Raumordnungsplan verabschiedet. Größere Bauvorhaben werden nun von Las Palmas geprüft.

Lanzarote und die anderen Kanareninseln gehören, man muß es leider sagen, mit zu den teuersten Reisezielen Europas. Die Leistungen entsprechen aber selten den hohen Preisen. Das mag zwei Gründe haben: Den Geschäftsleuten, in den Aufbruchszeiten von der Gier nach dem schnellen Geld besessen, fehlt es noch immer an der Preisdisziplin, die sich langfristig auszahlen würde. Zum anderen protestieren Spanier nur ungern gegen zu hohe Preise – das gilt besonders in Restaurants und in Begleitung von Freunden. Man gibt sich gerne großzügig. Telefon, Busverkehr und Dienste anderer öffentlicher Einrichtungen sind nicht teurer als im Norden Europas und relativ zuverlässig. – Zur Erklärung mancher Mängel muß wohl das schnelle Wirtschaftswachstum herhalten. Aber wegen der Stärke der Tourismus-Branche befürchten die Menschen auch nicht, daß sie ihr Leben ändern müssen.

Es ist die Lust am Leben und die Kunst, die Feste so zu feiern wie sie fallen, die dem Leben auf der Insel Spannung geben. Mit Temperament und viel Ausgelas-

Haría liegt im »Tal der tausend Palmen«

senheit – etwa im Straßenverkehr – wird die Langeweile bekämpft. Die Insulaner sind ungern allein, sie tun sich mit anderen zusammen, zu Volksfesten, zum gemeinsamen Essen und Trinken, zur Hochzeit und auch zur Beerdigung.

Oft hapert es allerdings an der rationellen Organisation und Verteilung der Arbeit, bei der häufig eher die Familien und Beziehungen den Ausschlag geben als die Befähigung oder Motivation. Der großen Mehrheit der Bewohner ist die Meinung der Parteien oder Gewerkschaften ziemlich gleichgültig. Doch übersehen die meisten nicht, daß die Verwaltung nachlässig arbeitet und die Kunden bei Bank, Post oder in den Gemeinden mit ausgesprochener Arroganz behandelt werden. Auch dies sind Facetten aus dem Inselalltag.

Die Insel bietet viele unterschiedliche Aspekte: Wunderschön ist der zerklüftete Norden, die wüstenhaft verwitterte Lavalandschaft um den 609 Meter hohen Monte Coroña. Wunderschön auch liegt das einsame weiße Haus bei La Asomada, wo die Berghänge in allen Farben zwischen Grün und Schwarz leuchten. Keine Reklametafel, keine Stromleitung verunziert das Landschaftsbild. Die vielgerühmte Insel-Landschaft zeigt sich in vielen feinen, oft kaum erkennbaren Farbschattierungen.

In einigen als *Artesenia* gekennzeichneten Läden kann man Stickereien kaufen, grobe Keramikarbeiten von einheimischen Künstlern. Auch die Liebhaber von Schnitzwerk und Korbflechtereien finden gewiß etwas Passendes; aber auch jene, die gerne das einheimische Instrument, die Timple, erwerben wollen. Es werden Schmuckarbeiten mit Olivin angeboten. Das ist ein Edelstein, den man immer wieder mal in den Lavafeldern oder bei El Golfo finden kann.

Ein kleines Küchenwunder kann man ebenfalls auf Lanzarote erleben. Spezialitäten sind unter anderem: Fischkroketten, *Calamares frito, Sanchoco* (gesalzener und gekochter Fisch), *pescado fresco* und *potajes*, dazu gibt es sehr schmackhafte Gemüsesuppen, gebrannte Mandeln und Ziegenkäse werden extra berechnet.

Die ursprüngliche Deftigkeit der einheimischen Küche erfährt, wer frischen Fisch, etwa *Viega*, Papageienfisch, bestellt. Der Fisch wird *à la plancha*, auf einer befeuerten Eisenplatte, gebacken. Dazu werden die in Meerwasser runzlig gekochten *papas* serviert. Diese köstlichen einheimischen kleinen Schrumpfkartoffeln schmecken am besten mit einer ölig-scharfen roten oder grünen Soße. Das ist ebenso eine kanarische Spezialität wie der süffige Inselwein.

Aber selbst Einheimischen fällt es schwer, gute Weine zu finden. Das, was in Bars oder Restaurants angeboten wird, hat mit dem guten, auf der Insel angebauten Malvasier oft nur den Namen gemein. Der Trinkspruch der Einheimischen lautet: *Salud, amor y dinero* (Gesundheit, Liebe und Geld). Die Einladung zu einer *copita*, zu einem Gläschen, gehört auf dem Lande zum guten Ton. Denn wie sagt man hier: *Pues a comer, y a vivir, que el mundo se va a jundir.* Essen und leben, damit die Welt sich wieder vereint.

Geschichtstabelle

Um 850 v. Chr.
Der griechische Dichter Homer beschreibt in seiner »Odyssee« die Kanarischen Inseln als »Die Inseln der Glückseligen«

14. Jh.
Lancelot Maloisel, ein Genuese, landet auf Lanzarote. Spanier und Portugiesen schicken Expeditionen

1402
Jean de Béthencourt erhält für die Eroberung von Lanzarote den Titel »König der Kanarischen Inseln«

1417
Teguise wird erste Bischofsstadt der Kanarischen Inseln

1448
Der einflußreiche Herrera-Clan beutet die Insel aus. Die Bewohner wehren sich

1485
Lanzarote muß seinen Bischofssitz an Gran Canaria abtreten

1586
In diesem Jahr eroberte der Pirat Morato Arraez Arrecife und Teguise

1730–1736
32 neue Vulkane entstehen

1824
Erneute Vulkanausbrüche

1852
Die Kanarischen Inseln werden Freihandelszone

Um 1880
Zahlreiche Lanzaroteños emigrieren wegen Trockenheit und Hunger nach Südamerika

1936
Beginn des Spanischen Bürgerkrieges. Bis heute sind noch Straßen und Plätze nach General Franco benannt

1950
General Franco gibt das Startzeichen für den Tourismus

1965
In Arrecife entsteht die erste Meerwasserentsalzungsanlage

1968
César Manrique, der bedeutende Künstler, engagiert sich bei den touristischen Zukunftsplänen

1971
21 376 Touristen besuchen Lanzarote

1986
Spanien wird EG-Mitglied

1990
Der Tourismus wird zum wichtigsten Wirtschaftszweig

1991
Lanzarote wird von 878 248 europäischen Touristen besucht

1992
Eine dritte öffentliche Entsalzungsanlage geht in Betrieb

1994
Lanzarote boomt, vor allem luxuriöse Quartiere werden gebaut. Rund eine Million Touristen wurden registriert

1995
1. Weltkonferenz über »verträglichen Tourismus«. Lanzarote gehört zu den 324 Biosphären-Reservaten

Von Lucha Canaria und der Parranda

Kleines Lanzarote-Brevier zum besseren Verständnis

Baustile

Das kubische Haus, die halbrund geformten und kunstvoll aufgeschichteten Mäuerchen und alles weiß getüncht sind typisch für die Insel. Um windgeschützt zu sein, weisen die Fassaden meist nach Südwesten. Allen Häusern gemeinsam ist der schattige Patio und der mögliche Verzicht auf Fenster. Die Architektur entspricht den Bewohnern, ihren ästhetischen und praktischen Ansprüchen, und sie ist ganz dem Klima angepaßt.

Die schrägen gekalkten Dächer dienen allein zum Auffangen des einst so lebensnotwendigen Regenwassers. Die weiße Kalkfarbe schließlich wird nicht angebracht, weil sie einen so schönen Kontrast zu Schwarz abgibt, sondern weil Kalk die für den Menschen schädlichen ultravioletten Sonnenstrahlen absorbiert. Die Bauweise ist denkbar einfach. Die Lava- und Basaltsteine, die ja überall in der Landschaft herumliegen, werden aufeinandergestapelt und passend ineinander gefügt. Für die Dächer wird Teak- oder Pinien-Holz verwendet – die Stämme wurden früher von La Palma von Booten durchs Meer gezogen. Einheimische Handwerker vermischten in ihrer Arbeit den eigenen Stil mit denen der Spanier zur kanarisch-andalusisch-maurischen Mischkultur: Die ist klar gegliedert und hat als spielerisches Element die phantasievollen Spitzbögen in den Umfassungsmauern, die hölzernen Fensterläden und die Kamine. Die kleinen Türmchen sind Entlüftungsschächte, die der renommierteste Architekt der Insel, Luis Ibánez Margalef, auch für die Bungalowsiedlungen salonfähig gemacht hat.

Mild und würzig ist der Geschmack der cebollas, die hier geerntet werden

Béthencourt

Der Baron de Saint-Martin de Gaillardin aus der französischen Grafschaft Eu in der Normandie gilt als einer der Entdecker von Lanzarote. Gemeinsam mit 53 weiteren Männern ging er, nachdem er zuerst von La Graciosa Besitz ergriffen hatte, in der Ru-

Eine Siedlung nach den Vorstellungen von César Manrique gebaut

bicón-Ebene 1402 an Land – unweit der Papagayo-Strände. Heinrich III. von Kastilien ernannte Jean de Béthencourt (1359–1426) zum »König der Kanarischen Inseln«.

César Manrique

Der Spanier César Manrique hat auf seiner Heimatinsel versucht, die Idee der »Symbiose von Natur und Kunst« zu verwirklichen. Der im Alter von 72 Jahren verstorbene Maler und Bildhauer hatte seinen Ehrgeiz vor allem darauf gerichtet, die ursprüngliche Schönheit der Vulkaninsel zu retten. Jameos del Agua und Los Verdes, der Aussichtspunkt Mirador del Rio, die abstrakte Plastik in Mozaga und der Kaktusgarten von Guatiza sind seine Schöpfungen. Sein ehemaliges Wohnhaus in Tahiche ist seit 1992 zu besichtigen. Manrique, der den Politikern von Lanzarote mangelnde Intelligenz und Unmoral vorwarf, weil sie dabei seien, die Insel zu zerstören, hatte sich zuletzt in seinen Alterssitz nach Haría, im Norden der Insel zurückgezogen. Auf Lanzarote wollte er eine »Vision, eine Utopie« verwirklichen. Die natürliche Schönheit dieser Vulkaninsel sollte mit den Schöpfungen der Menschen, mit der Kunst, mit der Architektur eine perfekte Symbiose eingehen: »Wir hatten es fast geschafft, und jetzt kommen diese Geier, diese Spekulanten ohne jede Moral. Sie wollen uns alles stehlen, sie haben nur ein Ziel, ganz schnell reich zu werden.« Im April 1995 sollte ihm die Ehrenbürgerschaft überreicht werden, aber Politiker verweigerten dem »umstrittenen Sohn« die Ehre.

Dromedare

Jene aus Nordafrika stammenden einhöckerigen Kamele sieht man nur noch selten bei der Feldarbeit. Dagegen schaukeln rund 200 Tiere Touristen durch die Montañas del Fuego.

Feuerberge

Die Montañas del Fuego sind ein 5000 Hektar großes Vulkanfeld, in dessen Zentrum die gewaltigen Ausbrüche von 1730 bis 1736 stattfanden. Diese Vulkanlandschaft ist ein spanischer Nationalpark geworden. Eine Autostraße führt durch die Montañas del Fuego. Nach einem Regenschauer ist das Farbenspiel faszinierend, wenn unter einem Regenbogen die Sonne die Vulkane in Knallrot und Purpur taucht, die erstarrten Felsen mit kräftigem Gelb und blendendem Violett übergießt. So viel Schönheit kann menschliche Einbildungskraft nicht erfinden, wie sie in jenen versteinerten Kratern sichtbar wird, wo in einigen Metern Tiefe bis zu 400 Grad Celsius gemessen werden.

Geländewagen
Jeeps erfreuen sich großer Beliebtheit. Daher rücken Pseudosafaris auf den zunehmend ausgebauten Straßen in immer entlegenere Orte vor. Die halboffenen Jeeps sind zu Statussymbolen für jene geworden, die ihren alternativen Lebensstil spazierenfahren. Doch es gibt kein rationelles Argument, um mit geländegängigen Wagen die Insel zu erkunden: Alle Seitenwege, auch wenn es keine Schilder gibt, sind verbotenes Terrain, um die Landschaft zu schützen.

Guanchen
Die Ureinwohner galten als besonders tapfer und stolz: »Fahrt durch die ganze Welt, doch nirgendwo werdet ihr schönere und stattlichere Menschen finden als auf diesen Inseln, Männer wie Frauen, außerdem sind sie von schneller Auffassungsgabe, wenn ihnen nur jemand die Kultur brächte«, beschrieb ein Chronist die Guanchen, die Altkanarier. Obwohl sie nach einer Klimaveränderung aus dem Südwesten Frankreichs über Spanien und Nordafrika übers Meer kamen, waren die Guanchen keine Seefahrer, sondern Hirten und Jäger. Die Struktur ihrer Sprache zeigt das, die Kleidung, die Herrschaftsstrukturen, die Höhlenwohnungen. Die Kunst des Einbalsamierens war ihnen bekannt. Die Altkanarier von Lanzarote kannten Getreide und Mehl, aber kein Rad – obwohl der Mühlstein nach dem Radprinzip arbeitet, und – auffallend: Sie besaßen keine Boote.

Die Frauen hatten eine besondere Stellung: Die Erbfolge war an die weibliche Linie geknüpft. Die Frauen bestimmten, wer König wurde. Auch die Priester achteten darauf, daß den Frauen mit aller Ehrfurcht begegnet wurde. Die Guanchen kannten nur einen Gott, und den nannten sie Abora oder Acron. Die Todesstrafe existierte nicht, wohl aber die Prügelstrafe. Die Bewohner von Lanzarote nannten sich Majos oder Majoreros.

Haschisch
Der Handel mit Hasch oder Marihuana ist verboten, der Konsum kleiner Mengen erlaubt. Aus Marokko stammt die Ware. Große Probleme bereitet der Anstieg der sogenannten *hard drugs*, wie Heroin und Kokain. Ähnlich wie Spanien sind auch die Kanaren in den letzten Jahren zu einem Umschlagplatz für Drogen geworden. Die Guardia Civil führt vor allem am Strand und in Diskos immer öfter Razzien durch. Obwohl niemand gerne darüber spricht, aber das Drogenproblem hat mehr Kriminalität auf die Insel gebracht. Viele Dealer sitzen im Gefängnis.

Ico

Wie es bei den Ureinwohnern Sitte war, überließ der König einem geschätzten Fremden seine Frau als Zeichen seiner Zuneigung für die Dauer des Aufenthaltes. Aus solch einer zeitlichen Verbindung stammt Ico, die später ihren Halbbruder Guanarame heiratete und nach seinem Tod den Thron beanspruchte. Der Clan jedoch war dagegen, daß eine Uneheliche Herrscherin werden sollte. Ein Zauberer fällte das Urteil: Ico sollte ihre königliche Abstammung durch die Rauchprobe beweisen. In ihre Kammer wurde Rauch geleitet. Dank eines mit Wasser getränkten Schwammes überlebte sie diese Behandlung und wurde fortan als Königin anerkannt. Der Palacio ihres Stiefvaters Zonzamas ist der älteste, noch in Bruchstücken bewahrt gebliebene Wohnort von Guanchen. Diese größte altkanarische Siedlung auf Lanzarote, oberhalb von Tahiche gelegen, besitzt noch zwei erhalten gebliebene *maretas*, runde Becken, in denen Regenwasser gesammelt wurde. In den siebziger Jahren wurde hier mit den Ausgrabungen der prähistorischen Siedlung begonnen. Ein wichtiger Fund ist ein Stein mit spiralenförmigen Zeichnungen. Jener megalithische Stein ist im archäologischen Museum Castillo de San Gabriel zu besichtigen. Der größte Teil des ehemaligen Palacio de Zonzamas liegt jedoch unter drei Betondecken verborgen, die Zugänge sind abgeschlossen: Schutz vor der Sammel- und Zerstörungswut der Touristen. Aus der Epoche des Zonzamas stammt auch noch die Siedlung La Gran Aldea, das große Dorf, in Teguise. Auf jenem historischem Grund steht das Restaurant Acatife. Don Ricardo Cansio erbaute sich jenen Stadtpalast, den er dann an Domingo Hernandez verkaufte, der darin das älteste Inselrestaurant gründete, später freilich auswanderte. Das geräumige Anwesen gehört heute der Familie Duques.

Kampfsport

Der älteste Kampfsport, der noch heute sehr populär ist, nennt sich *Lucha Canaria*. Bei die-

Populär ist der älteste Kampfsport – Lucha Canaria

sem Duell zweier Mannschaften von je zwölf Mann kommt es darauf an, daß zwei Athleten nach Anpfiff in einen Ringkampf verwickelt werden. Dabei gilt es, den Gegner niederzuwerfen, ohne dabei die Hände von seinem hochgekrempelten Hosensaum zu nehmen. Bei diesem Ringkampf ist vor allem die Geschicklichkeit und nicht Kraft ausschlaggebend. Dieser Mannschaftskampf, dem griechisch-römischen Freistil verwandt, wird in einem Kreis von 10 m Durchmesser ausgetragen. Auf das Kommando *brega* reichen sich die Kämpfer die rechte Hand zum Gruß, während die Linke das Hosenbein des Gegners packt. Der archaische Kampf dauert dreimal drei Minuten. Sieger ist, wer den Gegner drei Mal niedergeworfen hat. Nach dem Kampf hilft der Sieger dem Besiegten beim Aufstehen.

Karminrot

Kakteen-Kulturen, die Opuntien, *Cactus opunta*, sind der Nährboden, auf dem die Cochenille-Laus in Kolonien lebt. Deren Larven liefern den karminroten Farbstoff, der als natürlicher Grundstoff vor allem von der Genußmittelindustrie angekauft wird. Rund 150 000 Larven ergeben ein Kilo, das kostet etwa 600 Mark. Inzwischen geht der Ertrag zurück, ist Cochenille nicht mehr gewinnbringend.

Malvasía

Dieser Wein wird schon vom römischen Geschichtsschreiber Horaz erwähnt, als von den Kanaren als den »Glücklichen« die Rede ist. Auf Lanzarote wird Wein seit 1797, seit den Vulkanausbrüchen angebaut. Lanzarote-Wein ist sogar das erfolgreichste Agrarprodukt. Der Malvasía ist sehr zuckerreich. Ein Liter Wein wird aus etwa 1,5 Kilo Trauben gepreßt. In guten Weinjahren werden mehr als fünf Millionen Liter Wein abgefüllt. Der Wein ist nicht lagerungsfähig, nach zwei bis drei Jahren ist er ungenießbar. Sein Aroma erinnert an Mandeln, seine Farbe an dunklen Bernstein. Der Alkoholgehalt der Malvasía-Weine liegt meist nicht höher als 8 Prozent, er soll kühl getrunken werden. Neben den fünf großen Weingütern von Mozaga, Cedrés, Herrera, El Campesino und El Grifo gibt es noch eine Reihe mittlerer Weingüter. Kleines Weinmuseum in El Grifo.

Parranda

Das sind typische folkloristische Musikgruppen von Lanzarote. Die bekanntesten dieser Gruppen haben sich vor allem auf das Vortragen von Seemannsliedern spezialisiert. Die Timple, ferner Bandurrias, Gitarren und Mandolinen sind die typischen Instrumente. Die Timple, erstmals 1604 erwähnt, stammt von Lanzarote. Diese Minigitarre unterscheidet sich von einer Gitarre durch ihren langgezogenen hellen Klang. Die Isas und Folías, leidenschaftliche und romantische Texte, werden von Timplespielern begleitet. Die *Rondayas* sind inseleigene Sing- und Tanzgruppen, die häufig aus Kindern und Jugendlichen unter 20 Jahren bestehen. Diese Gruppen treten in erster Linie bei folkloristischen Darbietungen in Hotels und bei Fiestas auf. Durch den Tourismus hat Folklore wieder an Bedeutung gewonnen. Jeder Ort hat seine eigenen Gruppen, die sich durch die Farben ihrer Trachten unterscheiden. Sie werden von der Regierung subventioniert. Die Musik der Lanzarotener läßt einige ihrer Wesenszüge erkennen: Schwermut und Poesie, Leidenschaft und Freude, vor allem aber ein Drang zum Leben.

Respekt

Langsam wächst der Widerstand gegen den Tourismus, finden zahlreiche Einheimische, daß der Tourismus ihnen soziale Nachteile, kulturelle Schäden und Zerstörungen ihrer Heimat beschert. Als Besucher sollte man diese Gefühle der Einheimischen respektieren.

Salinen

Die Salinen von Arrieta, an der Costa Teguise oder in Puerto del Carmen sind längst von Apartment-Siedlungen überbaut worden. Die Salina de Janubio, zwischen Playa Blanca und Yaiza, produziert als einzige erhalten gebliebene Anlage noch Meersalz. In den Supermärkten wird dieses Meeresprodukt in Säckchen verkauft.

Trockenfeldbau

Trockenfeldbau *(enarenado)* – er hat über lange Zeit den Einheimischen das Überleben gesichert: Auf einen Acker kommt Mutterboden, der mit einer Schicht dunkler *lapilli picon* abgedeckt wird. Die blauschwarzen Lavasplitter, zwischen fünf und 50 Millimeter groß, beschweren den Boden. Nachts saugt der poröse Stein Tau und Feuchtigkeit auf und gibt das Wasser an die Pflanzenwurzeln weiter. Für hochwachsende Pflanzen wie Weinreben und Feigenbäume werden halbrunde Mauern aufgeschichtet. Um Gurken oder Bohnen werden Kisten, Strohballen oder Bretterwände als Windschutz errichtet. Mit der Trockenbaufeld-Kultur hat der Campesino, der Bauer, drei seiner Feinde überlistet: den Wind, die Trockenheit und *malpais*, das schlechte Land. Alle 30 Jahre muß das Feld erneuert werden, ein Hektar Land kostet rund 30 000 Mark.

Tomaten, die nicht nach Gewächshaus schmecken. Sie reifen mit der seit Jahrhunderten praktizierten Trockenbaumethode heran

Unabhängigkeit

Nationalisten, die für die Unabhängigkeit der Kanaren von Spanien kämpfen, haben in der *Unión de Pueblo Canario* (Union des Kanarischen Volkes) ihr Sammelbecken. Zwar sind Kultur (Tourismus), der Straßenbau und das Gesundheitswesen der Selbstverwaltung des Inselrates überlassen, aber einigen Politikern ist das zu wenig. Sie fordern noch mehr Selbständigkeit. Viele

Die Marco Polo Bitte

Marco Polo war der erste Weltreisende. Er reiste in friedlicher Absicht, verband Ost und West. Er wollte die Welt entdecken, fremde Kulturen kennenlernen, nicht zerstören. Könnte er für uns Reisende des 20. Jahrhunderts nicht Vorbild sein? Aufgeschlossen und friedlich sollte unsere Haltung in anderen Ländern sein. Dazu gehören auch Respekt vor Mensch und Tier und die Bewahrung der Umwelt.

Bewohner lasten den Festlandsspaniern ihre wirtschaftlichen Probleme an, geben der EU die Schuld, daß die Landwirtschaft stets unrentabler wird. Abgesehen von Zwiebeln müssen inzwischen alle Lebensmittel eingeführt werden.

Urbanisation

Unter diesem Sammelbegriff ist auf Lanzarote die »Verstädterung« von künstlichen Feriendörfern zusammengefaßt. Es gibt ein Dutzend Urbanisationen auf der Vulkaninsel. So kleine wie La Santa und Famara, aber auch so große wie die rund elf Quadratkilometer große Costa Teguise. Die Urbanisationen gelten als reine Ferienbetriebe mit einer bestimmten Bettenzahl. So hat Puerto del Carmen mit 35 000 Betten sein Endziel erreicht. Weiter ausgebaut werden Playa Blanca und die Costa Teguise (maximale Bettenzahl 80 000).

Wasser

Auf der wüstenhaften Insel, die über keine Quellen verfügt, auf der es keine Bäche gibt, geschweige denn einen Fluß (die Brücken sind allein für die stürmischen Regentage konstruiert worden), lebten die Bewohner früher vom Regen. Versiegten die Brunnen, wanderten die Menschen aus. Im Famaragebirge gibt es eine drei Kilometer lange Leitung, die das Naß aus den Galerien der Famara-Berge abzapft. Bekannt sind die *maretas* von Teguise, in denen 3000 Kubikmeter Wasser gesammelt werden können. Jedes Gebäude hat sein eigenes Wasser-Auffang-System: In den *Aljibe* wurde Regenwasser gesammelt. Heute stehen statistisch jedem Bewohner 900 Liter Wasser täglich zur Verfügung, bis 1990 waren es lediglich 100 Liter pro Tag. Im Industriehafen von Arrecife, Los Marmoles, wird Meerwasser von der »Consorcio del Agua« in drei Meerwasser-Entsalzungsanlagen zu Trinkwasser verwandelt.

Zwiebeln

Die *cebollas* von Lanzarote sind wegen ihres mild-würzigen Geschmacks neben dem Wein eines der bekannten landwirtschaftlichen Produkte von Lanzarote. Auch die Zwiebeln, von denen in guten Jahren rund 15 Millionen Kilogramm geerntet wurden, reifen nach der Trockenbaumethode, *enarenado*, heran. Beim Setzen der Setzlinge und bei der Ernte hilft die gesamte Verwandtschaft. Zwischen Oktober und Mai ist Wachstumszeit.

Tafeln wie die Lanzaroteños

Nach inseltypischer Art ißt man Meeresfrüchte und Gofio

Die Küche von Lanzarote ist ländlich, kennt schmackhafte Eintopf- und Ofengerichte, kann aber manchmal schwer ausfallen. Alle Lanzaroteños essen gerne, sie nehmen sich dazu Zeit, und wenn möglich, essen sie in Gesellschaft. Die eigentliche Inselküche ist für Feinschmecker sicherlich kein erlesener Genuß. Köstlich hingegen sind Fischgerichte, die in allen Restaurants angeboten werden. Oft findet man auch *sancocho* auf der Karte, einen gekochten Stockfisch. Meist wird er als Eintopf mit Gemüse und Kartoffeln zubereitet. Sehr beliebt sind auch Kaninchenfleisch *(conejo)* und Ziege *(cabrito)*. Die Portionen sind im allgemeinen üppig.

Ein Besuch in einem einheimischen Lokal ist oft ein Erlebnis. Es riecht stark nach Knoblauch und Fisch, die Einrichtung ist häufig einfach und ohne großen Aufwand – Plastikdecken sind eben praktischer als Leinentischdecken. Die Bedienung ist im allgemeinen eine Laienspielgruppe, man kann keinen formvollendeten Service erwarten. Aber die Freundlichkeit und Hilfsbereitschaft lassen solche Mängel zweitrangig erscheinen.

Die einfachen Restaurants weichen aber immer mehr den repräsentativen – Tischdecken, warmes Brot, gediegenes Eßgeschirr. Dank der großen Konkurrenz strengen sich die meisten Unternehmer an, ihre Kundschaft zufriedenzustellen – was nicht immer gelingt. Das Essen in vielen Hotels hat sich – nach der herben Kritik der letzten Jahre – wesentlich gebessert. Vor allem die Frühstücks- und Abendbüffets sind zuweilen außergewöhnlich. In guten Häusern wie Melia-Salinas oder Lanzarote Palace ist die kanarische Küche Bestandteil des Buffets oder des Menüs – und oft schmackhafter als auf dem Lande. Die Restaurants sind (leider) nicht preiswert.

Dem Frühstück *(desayuno)* wird keine große Bedeutung geschenkt. Man trinkt einen Kaffee oder Milchkaffee *(café con leche)*.

Guten Appetit für solch ein schmackhaftes, köstlich frisches Fischgericht

Gegen ein Uhr folgt dann ein kräftiges Mittagessen, eine Zwischenmahlzeit kommt gegen sechs Uhr, und spät am Abend, ab 21 Uhr, folgt das opulente Abendessen *(cena)*. Meist fällt es ausladend und ausschweifend aus. Vorspeise, Hauptgang, reichlich Wein oder Bier, Nachspeise, Kaffee und Schnaps *(copa)*. Die Einheimischen essen spät, egal ob zu Mittag oder am Abend. Und sie essen gern im Restaurant, aber sie veranstalten auch schon mal eines der immer beliebter werdenden Picknicks, mit Freunden und am Sonntag mit der Familie. Essen bedeutet ihnen vor allem Genuß, Freude und Erlebnis.

Fast alle Nahrungsmittel, abgesehen von Zwiebeln, Tomaten, Kartoffeln, Melonen oder Fisch, müssen tiefgefroren eingeführt werden. Das meiste Fleisch kommt aus Argentinien, die Kaninchen aus Spanien, die Butter aus Irland, der Schinken aus Andalusien, Tafelwasser und Bier von Teneriffa oder Gran Canaria, die Langusten aus dem Baskenland.

Viele Restaurants haben nur zu festen Zeiten geöffnet. Abseits der Urbanisationen sind sie einfach eingerichtet, Papierservietten, Brot und Besteck kommen im Korb auf den Tisch: Die Verteilung übernehmen die Gäste. Fischmesser sind unbekannt. Unscharfe Messer sind kein Reklamationsgrund, sondern der Normalfall. Es ist keine Absicht, wenn das Essen nicht heiß serviert wird: Lanzaroteños essen nicht so heiß wie sie kochen. Die Bestellung bereitet nirgendwo Probleme: Die Speisekarten sind meist zwei- oder dreisprachig. Einzelabrechnungen sind unüblich: Wer zusammen sitzt, zahlt auch zusammen. Anschließend kann man ja alles auseinanderdividieren.

Essen

Die am häufigsten zubereiteten Fischarten sind der große Zakkenbarsch *(cherne)* und der Papageienfisch *(vieja)* ; aus entfernteren Meeren kommt die Seezunge *(lenguado)*; bei einigen Restaurants steht auch Hummer auf der Speisekarte. Beliebt sind auch Muscheln, Tintenfisch *(calamares)*. Knoblauch und viel Öl gehören zu den Fisch- und Fleischgerichten. Da das Fleisch tiefgefroren importiert wird, kann es, ebenso wie Ziegenfleisch, manchmal recht zäh sein.

Eine Spezialität sind die »Runzelkartoffeln«, die in Salzwasser gekochten *papas arrugadas*, die zu fast allen Gerichten gereicht werden. Die meist kleinen Kartoffeln ißt man mit oder ohne Schale, je nach Geschmack. Zu den *papas arrugadas* gibt es die *mo-*

Das Restaurant in der Höhle von Jameos del Agua sollten Sie sich nicht entgehen lassen

jo picón, auch *mojo rojo* genannt. Dabei handelt es sich um eine scharfe rote Soße. Zum Fisch wird eine *mojo verde* serviert, die grüne Variante. Für beide Soßen werden Meersalz, Knoblauch, Öl und Essig verrührt, für die rote Soße nimmt man Paprika und scharfe Chilischoten. Für die grüne Soße Petersilie und/oder Koriander.

Ausgezeichnet munden auch die Eintöpfe, etwa *puchero*, aus Fleisch, Hülsenfrüchten und *garbanzo* (Kichererbsen). Sehr erfrischend ist die *gazpacho*, eine kalte Suppe aus pürierten Tomaten, Gurken, Paprikaschoten, Öl, Knoblauch und Wasser. Huhn wird nicht gegrillt, sondern geschmort, in Stücke zerschnitten und scharf gewürzt.

Das traditionelle Gericht der Lanzaroteños – *gofio* – wird nur noch selten angeboten. Bei *gofio* handelt es sich um eine Art Brot, das so gut wie nach nichts schmeckt, aber einen hohen Nährwert hat. Aus angerösteten Gersten-, Weizen- oder auch Maiskörnern gemahlenes Mehl wird mit Milch und Honig zu einem Teig verarbeitet, der oft unter andere Speisen gemengt wird.

Immer häufiger dagegen wird die herzhafte Spezialität aus Galizien, die *empanada*, angeboten. Dabei handelt es sich um einen im Ofen gebackenen, mit Öl und Safran eingeriebenen Brotteig, der mit Tomaten, Zwiebeln und Fleisch gefüllt wird. Mehrere Variationen gibt es davon.

Wie alle Canarios lieben auch die Lanzaroteños Süßes. Typisch sind die schweren Torten, Mais- und Obstkuchen, Karamelpudding und flambierte Bananen mit Honig und Likör. Als Spezialität gilt auch der Ziegenkäse, *queso blanco*. *Tapas*, die winzigen Appetithappen, werden als Zwischenmahlzeit oder in den Restaurants zum Aperitif verzehrt. Es handelt sich um Fleischbällchen in Soße, Thunfisch, getrocknete oder eingelegte Sardinen, Schinken oder einfach um ein paar Oliven.

Trinken

Frisch gepreßte Säfte erhält man selten. Die internationalen Limonaden-Marken gibt es überall. Wasser begleitet jedes Essen. Es kommt in Literflaschen mit *(con gas)* oder ohne Kohlensäure *(sin gas)* auf den Tisch. Immer populärer wird Bier. Dänisches und deutsches Bier gibt es in allen Supermärkten zu kaufen, es wird auch in vielen Bars und Restaurants angeboten. Immer populärer wird auch deutsches Importbier vom Faß.

Bei den Weinen handelt es sich um rote und weiße Qualitätsweine. Die bekanntesten Inselwinzer sind mit ihren Lanzaroteweinen in allen Restaurants vertreten. Köstlich kann der schwere Dessertwein mit einem Alkoholgehalt von 16 bis 18 Prozent schmecken. Er wird auch als *Vino de Licor* verkauft.

El Grifo gilt als bekömmlicher Lanzarotewein. Wein von Lanzarote mundet leider nicht immer so erdig und stark wie ein Malvasía schmecken müßte – zu häufig wird der Inselwein auf »Trinkstärke« verdünnt. Obwohl die Lanzaroteños gern und viel trinken, wird man so gut wie nie jemanden betrunken sehen. Sich zu betrinken gilt als unmännlich und schwach.

3 T.SHIRTS
FOR
000

Keramik, Olivin und Timples

Große Auswahl an solider Handwerksarbeit und preiswerten Massenprodukten

Die Zahl der Souvenirläden und Supermercados ist in den Urlaubszentren von Puerto del Carmen, an der Costa de Teguise und in der Hauptstadt Arrecife groß. Die Qualität der Souvenirs ist jedoch häufig dürftig. Keramikerzeugnisse, bunt bedruckte T-Shirts, Lederwaren, aber auch Schmuck werden nämlich mehr als reichlich angeboten.

Handwerk nach alter und neuer Tradition muß man etwas suchen. Auf der Insel arbeiten einheimische und ausländische Maler, deren Arbeiten sich wohltuend von der Massenproduktion abheben. In den *artesanias*, Kunstgewerbeläden, kann man typische Lanzarote-Stickereien, Korbflechtarbeiten, Strohhüte und die tönernen Fruchtbarkeitsfiguren erwerben. Auch die Timple, jenes inseltypische Zupfinstrument, ist bereits für einige tausend Peseten erhältlich. Wer jedoch Instrumente mit Einlegearbeit bevorzugt, muß mit mehr als 1500 Mark rechnen. Diese Instrumente sind inzwischen sehr begehrt und die Wartezeiten daher lang. In Teguise findet man noch einige Handwerker, die sich auf die Kunst des Timplebaus verstehen.

Sonntagsmarkt in Teguise

In San Bartolomé, in Haria, im *Centro Artesiana de Haría*, sticken, häkeln und weben Frauen Dekken, Teppiche und Spitzen von Hand. In ihren Arbeiten drückt sich die Farbenfreude der Menschen aus. Derb und rustikal ist die rötliche Keramik, mit schwungvollen Strichen verziert. Man findet Krüge, Töpfe und Kasserollen. Auch glasierte Keramik, arabisch und maurisch anmutend, wird in großer Stückzahl verkauft.

In einigen Galerien und Schmuckgeschäften findet man originelle und hochwertige Werke von begabten Kunsthandwerkern. Gern gekauft werden Schmuckstücke mit dem Edelstein Olivin. Dieser Stein kommt aus Brasilien oder Oregon (USA), wird in Asien geschliffen und dann zu Schmuck verarbeitet. Der Olivin von Lanzarote eignet sich nicht zur Herstellung von Schmuck, da er zu klein ist. Aber diese grünen Steine können Sie selber sammeln. Sie finden sie bei La Geria, in der Umgebung der Vulkane und an den schwarzen Stränden. Verboten ist das Sammeln und Mitnehmen des einst begehrtesten Mitbringsels: Lavasteine.

Beliebt sind auch exotische Blumen- und Pflanzensamen und die Palmensetzlinge, die in den *jardinerias*, den Blumenläden, für einige 100 Peseten verkauft werden. Verzichten sollte man allerdings auf den Kauf von Elfenbeinschmuck, da dessen Import nach Europa verboten ist. Es könnte Schwierigkeiten beim Zoll geben. Vorsicht auch beim Kauf von Schnitzereien aus »echtem Ebenholz«. In den meisten Fällen handelt es sich um schwarz angemaltes Holz und beim nächsten Regenguß läuft die Farbe aus.

Zahlreiche Geschäfte des gehobenen Bedarfs für Foto-, Video- oder Elektroartikel werben mit Tax-free oder Zollfrei-Angeboten. In den meisten Fällen ist die Ware nicht preiswerter als daheim. Wer also hochwertige Artikel kaufen will, sollte sich bereits daheim erkundigen, was sie kosten. Preiswert hingegen sind Tabakwaren und Hochprozentiges.

Lebensmittel, Getränke, Obst und Tabakwaren bekommt man in den Supermercados oder den *tiendas*, kleineren Läden. Da fast alles, außer Zwiebeln oder Kartoffeln, eingeführt werden muß, sind Lebensmittel relativ teuer. Wer auf den Geschmack des Inselweines, des Malvasiers, gekommen ist, kann sich auch Flaschen mit nach Hause nehmen. Angeboten werden sie im Dreierpack – handlich zum Tragen. Bedenken sollte man jedoch, daß sich der Wein nicht lange lagern läßt und er daheim anders mundet als unter der Sonne Lanzarotes.

Der einzige Wochenmarkt findet täglich in der recht kleinen Markthalle von Arrecife statt (Calle Libre, an der Pfarrkirche). Selbstversorger können hier fangfrischen Fisch, Obst und Gemüse gut einkaufen. Die Waren sind ausgezeichnet, Feilschen oder Handeln ist längst aus der Mode, aber das Beherrschen einiger spanischer Sätze sinnvoll.

Die Geschäftszeiten sind an keine festen Regeln gebunden. Im allgemeinen sind die Läden von Montag bis Freitag von 9 bis 13 und von 16.30 bis 20 Uhr geöffnet, am Samstag bis 13.30 Uhr. In den Urbanisationen haben Supermercados und andere Geschäfte jedoch auch am Sonntag – wenn auch unregelmäßig – geöffnet. Genaue Zeiten hängen (meistens) aus.

Küßchen rechts, Küßchen links

Zu den liebenswerten Zügen der Insulaner gehört es, daß man Freunde oder gute Bekannte – auch auf der Straße – küßt. Dabei handelt es sich um sanft hingehauchte Wangenküsse, einmal rechts und einmal links. Eine Sitte, die auch auf Fremde übertragen wird, wenn man sie sympathisch findet. Der heftige Austausch von Zärtlichkeiten unter Liebenden in der Öffentlichkeit ist dagegen verpönt.

Hahnenkampf und Prozessionen

Ob Kirchenfest oder Karneval, auf der Vulkaninsel wird gern und ausgelassen gefeiert

Fast alle Feste haben einen religiösen Ursprung. Die hohe Zahl von rund zwei Dutzend Folkloregruppen zeigt, daß das Brauchtum auf der Insel lebt und gefördert wird. Neben den Dorf-Fiestas ist vor allem der Karneval, Fiesta del Invierno, eine ausgelassene Angelegenheit. Farbenfroh und prunkvoll wird Fronleichnam begangen. Die Patronatsfeste dauern in Arrecife und Teguise oft eine Woche. Hahnenkämpfe unter Ausschluß der Touristen. Populär: Festivals wie »Música clásica« (Juli und August) in Arrecife und das Theaterfestival (im September).

FEIERTAGE

1. Januar: *Año Nuevo,* Neujahr
6. Januar: *Los Reyes Magos,* Dreikönigsfest (Bescherung der Kinder, Umzüge)
Gründonnerstag: *Juevos Santo*
Karfreitag: *Viernes Santo*
1. Mai: *Día del Trabajo*
Fronleichnam: *Día del Corpus Cristi* (feierliche Prozessionen)
30. Mai: *Día de Canarias*
15. August: *Asunción,* Mariä Himmelfahrt
12. Oktober: *Día de la Hispanidad,* Tag der Entdeckung Amerikas im Jahre 1492
1. November: *Todos los Santos,* Allerheiligen
25. Dezember: *Navidad,* Weihnachten

FESTIVALS UND LOKALE VERANSTALTUNGEN

Februar/März

★ Karneval in Arrecife, Höhepunkt ist die *Fiesta del Invierno* in Arrecife, buntes Treiben und Umzüge, Tanz und Musik (**D 6**); *Fiesta de la Nuestra Señora de la Candelaris* in Tias (am 2. 2.) (**B 6**)

Mai

Fiesta de Maria Auxiliadora in Montaña Blanca (24. 5.) (**B 4**)
Am letzten Sonntag im Mai *Fiesta de San José Obrero,* Tias (**B 6**)

Juni

Fiesta San Antonio, Güime (**C 6**) (6. 6.); *Fiesta de San Antonio de Padua,* Tias (13. 6.); am 1. Donnerstag *Fiesta de Corpus Cristi,* Haría (**D–E 2–3**) und Arrecife, am 24. 6. *Fiesta de San Juan;* Mitte Juni Rallye in Haría; *Fiesta San Pedro,* Máguez (30. 6.) (**E 2**)
Das ★ *Fronleichnamsfest* wird in

Buntes Treiben beim Karneval in Arrecife

MARCO POLO TIPS FÜR FESTE

1 Fronleichnam
Wunderschöne Teppiche aus Salz bedecken die Straßen von Arrecife (Seite 31)

2 Fiesta de San Marcial
Im Bergdorf Femés wird mit tiefer Demut an den Heiligen erinnert (Seite 31)

3 Fiesta de Rancho de Pascua
Gepränge, Trubel und eine eindrucksvolle Prozession mit viel Musik am Heiligen Abend in Teguise (Seite 31)

4 Karneval
Buntes Karnevalstreiben in Arrecife (Seite 29)

Arrecife mit einer großen Prozession begangen, statt Blumenteppichen werden bunte Motive aus Salz gelegt. (**D 6**)

Juli

★ *Fiesta de San Marcial del Rubicón*, Femés (7. 7.) (**B 11**), diese Fiesta ist das bedeutendste religiöse Inselfest, dessen Höhepunkt schließlich eine Prozession in Femés ist. *Fiestas de la Nuestra Señora del Carmen*, Festwochen in Playa Blanca (**A 12**), Arrecife, La Graciosa (**E 1**) und Teguise (**D 4**) (um den 16. 7.).

In Arrecife findet eine *Meeresprozession* für die Schutzheilige der Fischer statt. Besonders ausgelassen wird auf Graciosa und in Teguise gefeiert. *Fiesta de San Pedro Apóstol*, Macher (29. 7.) (**B 6**). Ein Weinfest wird in Masdache gefeiert

August

Fiesta de San Roque, Tinajo (15. 8.) (**B 4**); *Fiesta Santa Elena*, Playa Honda (18. 8.); *Fiesta de San Bartolomé* im gleichnamigen Ort (24. 8.) (**C 5**); *Fiesta de Santa Rosa de Lima*, Haría und *Fiesta de San Ginés*, Arrecife (beide am 25. 8.) (**D 6**)

September

Fiesta de la Virgen de los Dolores, Mancha Blanca (15. 9.) (**B 4**). Während der Prozession wird die »Schwarze Madonna« durch die Gassen getragen. Im Jahr 1736 versprachen die Dorfbewohner Maria, wenn der Lavafluß vor ihrem Dorf stoppt, ihr eine Kapelle zu bauen. *Fiesta de Nuestra Señora de la Merced*, Mala (25. 9.) (**E 3**)

Oktober

Fiesta del Rosario, Femés (7. 10.) (**B 11**); *Fiesta de Nuestra Señora del Pilar*, El Cuchillo (3. So im Okt.) (**D 8**); *Fiesta de San Rafael*, Teguise (24. 10.) (**F 8**)

Dezember

Fiesta de Santa Barbara, Máguez (4. 12.) (**E 2**); *Fiesta de Virgen de Lourdes*, Guinate (14. 12.); ★ *Fiesta de Rancho de Pascua*, Teguise. Am Heiligen Abend wird in Teguise das aufwendigste Weihnachtsfest gefeiert. Von der ganzen Insel kommen die Menschen. Nach der Mitternachtsmette findet eine Prozession statt, mit Tanzgruppen. Das Fest dauert bis in die Morgenstunden. (**D 4**)

Ausgelassenheit und Baulust

Die quirlige Inselhauptstadt, das Kontrastprogramm zum Strandleben – vor allem spätabends

Das größte Ballungsgebiet der Insel, weiträumig an der Küste gelegen, spiegelt Aufbruch, Vielfalt und die Probleme von Lanzarote wider. Bereits beim Anflug entdeckt man als ersten Orientierungspunkt die angeschwärzte Ruine des ehemaligen Gran Hotel. Das einzige Hochhaus der Insel, wahrscheinlich durch Brandstiftung verwüstet, ist noch immer das markanteste Bauwerk.

Castillo de San Gabriel, die 400 Jahre alte Festung von Arrecife

(**D 6**) Der Verkehr in dem Verwaltungszentrum, der immer dichter wird, wird dem Urlauber anfangs den Atem rauben. Die Farbe Weiß dominiert hier die Wohn- und Geschäftshäuser und vermittelt Atmosphäre. Im Zentrum mit seinen kleinen Gässchen, kann man bummeln und flanieren. In Arrecife ist noch das Alltagsleben der Insulaner mitzuerleben. Das Straßenbild wird vor allem durch jüngere Men-

Hotel- und Restaurantpreise

Hotels
Kategorie 1: über 14 000 Ptas
Kategorie 2: ab 9000 Ptas
Kategorie 3: ab 3000 Ptas
Die Preise gelten für zwei Personen im Doppelzimmer pro Nacht mit Frühstück. Einige Hotels kennen bis zu vier verschiedene Einteilungen für das Jahr.

Restaurants
Kategorie 1: über 2500 Ptas
Kategorie 2: 1500–2500 Ptas
Kategorie 3: um 1500 Ptas
Die Preise gelten für ein Hauptgericht mit Salat. Sofern nicht anders angegeben, sind die Restaurants ganzjährig und alle Tage geöffnet.

Abkürzungen

Avda. Avenida
Ptas Pesetas
C/C Centro Comercial (Einkaufszentrum)

schen bestimmt. Ältere Männer sieht man in Gruppen an den Straßenecken diskutieren, wie vor Jahrzehnten, so als habe die Zeit sie vergessen. Die Hauptgeschäfts- und Bankenstraßen sind die Leon y Castillo und die Avenida de Generalisimo Franco – benannt nach dem spanischen Diktator, der 1975 starb und scheinbar hier noch Anhänger hat.

Arrecife macht es dem Besucher nicht einfach, es auf den ersten Blick zu lieben. Und doch hält der Ort, der 1852 das im Innern der Insel gelegene Teguise als Hauptstadt ablöste, einige Überraschungen bereit. Die 1798 gegründete Kirche San Ginés wurde renoviert, das Hafenbecken ★ 🚸 *Charco de San Ginés* neu gestaltet. Es ist das Aushängeschild des pulsierenden Ortes. Die wohlhabende Bevölkerung trifft sich noch immer im Club Náutico wie vor 20 Jahren; der andere Teil in den Bars oder Restaurants. Die Jugend wandert von Eisdiele zu Diskothek.

Im Zentrum von Arrecife haben die winzigen und dunklen Tiendas Platz für Cafeterias gemacht. Einige dieser alten Weinstuben, weder Werbeschilder noch Namen weisen darauf hin, kann man aber noch in den kleinen Gassen am Rande des Ortskernes entdecken. Dort treffen sich Arbeiter und alte Männer. Junge Leute kehren dort längst nicht mehr ein, mit Ausnahme der jungen Wehrpflichtigen, die nicht viel Geld besitzen und doch gerne einmal ein Glas Wein trinken wollen. Auch auf Europäer haben Tiendas eine große Anziehungskraft. Die Einrichtung ist einfach: einige Stühle, Holztische und zahlreiche Holzfässer. Zum Glas Wein kann man Zwieback knabbern oder Oliven kauen. Die Atmosphäre ist freundlich, alle Hektik bleibt vor den grünen Türen. Und wer einige Vokabeln Spanisch beherrscht, wird rasch in ein Gespräch verwickelt.

Rund um das alte Arrecife entstehen in schnellem Tempo neue Wohnsiedlungen, denn die Wohnungsnot ist groß auf Lanzarote. Die Häuser, etwa an der Umgehungsstraße, werden im Stil der historischen Fincas gebaut: weiß die Mauern, obenauf der kleine typisch grün angestrichene Entlüftungsturm. Junge Familien können die Häuser für rund 600 Mark im Monat mieten. Der Mietpreis wird auf die Kaufsumme angerechnet. Die kleinen Häuschen heben sich positiv von den heruntergekommenen alten Gebäuden ab und sind liebevoll durch großzügige Bepflanzung aufgeheitert.

Stolz ist man auf den 🚸 Stadtpark am Wasser. In der Parkanlage, in der Hibiskus und Bougainvillea kräftig leuchten und grüne Palmen und Eukalyptusbäume Schatten spenden, schlendern Jugendliche, Touristen, Einheimische. Es gibt zwei Pavillons, in denen man Getränke und Eis kaufen kann, einige Bänke, und hin und wieder dreht sich ein kleines buntes Karussell mit sonderbaren, komischen Figuren.

Vom Park aus führt der Weg zu einem künstlichen Damm und zur Insel mit dem *Castillo de San Gabriel*. In dem 400 Jahre alten Festungsbau befindet sich das Archäologische Inselmuseum. Vom flachen Dach, mit Glockentürmchen und Wachhäuschen,

MARCO POLO TIPS FÜR ARRECIFE

1 **Castillo de San Gabriel**
Bescheidene Sammlung archäologischer Fundstücke. Schöner Panoramablick über Meer und Stadt (Seite 35)

2 **El Charco**
Die herrliche Promenade der Stadt führt am restaurierten Hafenbecken entlang (Seite 34 und 35)

3 **Mercado**
Hier findet man noch die Produkte des Landes und des Meeres (Seite 38)

4 **Museo Internacional de Arte Contemporáneo**
Das Innere der alten Festung überrascht mit einer Sammlung moderner Kunst. Der Eintritt ist frei (Seite 36)

haben Sie einen schönen Rundblick über den Ort. Diese kleine Burg wurde etwa 1590 im Auftrag des spanischen Königs Philipp II. erbaut, zum Schutz gegen die zahlreichen Piratenüberfälle, von denen der Ort und die Insel immer wieder aufs neue heimgesucht wurden.

Über die Puente de las Bolas, die alte Zugbrücke, kommt man zum Taxistand und von dort zur renovierten Kirche *San Ginés*, erbaut um 1655. Das Kircheninnere beeindruckt durch Schlichtheit. Eine enge Gasse führt nach ★ *El Charco*. Auf die Umwandlung dieses einst schmuddeligen Teils von Arrecife am Hafen in eine schmucke und offene Promenade können die Bewohner zu Recht stolz sein. Rund um El Charco führt eine breite Promenade, an deren Rand junge Palmen grünen. Das Wasser im Becken ist bei Flut klar und durchsichtig bis zum Grund, bei Ebbe liegen blau und rot bemalte hölzerne Fischerboote auf Grund. Es gibt eine Reihe von Cafés, Restaurants, und auch Souvenirläden fehlen nicht.

In der modernistischen Konstruktion *Centro Comercial Atlantida* ist ein modernes Kino und das größte Kaufhaus der Insel untergebracht. An der *Leon y Castillo* und der *Generalisimo Franco* befinden sich Geschäfte, die Post und alle bekannten spanischen Banken haben Zweigstellen.

MUSEEN

Castillo de San Gabriel

★ Hier werden Fundstücke aus der altkanarischen Epoche gezeigt. Die Stücke sind nicht spektakulär, beeindrucken aber durch die Rätselhaftigkeit ihrer Bedeutung. Das schönste Stück ist ein Monolith aus dem Guanchenpalast Zonzamas. Außerdem sind noch einige Grabbeigaben und Lehmfiguren zu sehen. Die Götzendarstellungen und andere Figuren sind keine archäologischen Funde, sondern zeigen modellhaft, daß so die Guanchen ausgesehen haben könnten oder wie sie sich ihre Götter vorgestellt haben.

Das quadratische Kastell, Castillo de San Gabriel, ist nach Plänen von Leonardo Torriani um 1590 erbaut worden. Der Genuese entwarf im Auftrag von König Philipp II. noch weitere Festungen auf den Kanaren. Schön ist der Blick vom Dach auf Arrecife und die Ziehbrücke Los Bolas, Wahrzeichen der Stadt. *Mo–Fr 8–14 Uhr, 150 Ptas, Parkplatz*

Museo Internacional de Arte Contemporáneo

★ Etwas außerhalb in Richtung Industriehafen steht das Castillo de San José aus der Epoche von König Carlos III. Die »Hungerburg«, wie sie von den Einheimischen genannt wird, beherbergt ein Museum zeitgenössischer Kunst von in erster Linie spanischen Künstlern. Es sind Arbeiten von Miró, Antoni Tapiés, Vela und Manrique zu sehen. Das Gewölbeinnere der 1779 errichteten Burg ist stilvoll renoviert. Schöner Hafenblick von der Bar. *Tgl. 11–21 Uhr, außer So, Tel. 81 10 60, Eintritt frei, an der Straße zum Hafen Los Marmoles*

RESTAURANTS

Abdon

Fischspezialitäten sollte man hier bestellen. Leider hat den Besitzer der Erfolg geblendet: Es gibt fast nur Menüs für 2 Personen. *Tgl. 12.30–16 und 19–23 Uhr, Calle Canalejas, 54, Tel. 81 45 58, Kategorie 1*

Casa Ginory

Einfaches Fischrestaurant am Rande von El Charco. Kleine Tische, nettes Ambiente. Fragen Sie nach den Tagesgerichten. *Tgl. 13–16.30, 20–23 Uhr, Juan de Quesata, 7; Kategorie 2*

Castillo de San José

Der Blick aus dem in schwarzweiß ausgestatteten Restaurant in dem historischen Gemäuer fällt auf den Hafen und die Industrieanlagen. Fein, unterkühltes Ambiente. Schlechtes Preis-Leistungsverhältnis. Vielleicht mit Ausnahme der Inselprominenz. *Mo–Sa 13–15.45 und 20–23.30 Uhr, Tel. 81 10 60, Kategorie 1*

Ciao

Modern und kühl gehaltene Cafeteria, wo man dicke Pizzas, Fisch- und Fleischgerichte bestellen kann. Treffpunkt junger Leute. *Tgl. La Esperanza, 1; Tel. 81 35 11, Kategorie 2*

El Charco

Ein freundliches Restaurant. Es wird auf leichte Küche Wert ge-

Autostopp – Trampen

Für junge Einheimische ist Trampen eine ganz normale Art der Fortbewegung, da Busse immer noch zu selten fahren. Urlauber, die mit einem Leihwagen unterwegs sind, sollten sich daher von der freundlichen Seite zeigen und Insulaner, die an der Straße stehen und winken, mitnehmen und notfalls einen kleinen Umweg machen. Es ist auch eine Möglichkeit, netten Einheimischen zu begegnen, um ihnen zu zeigen, daß Urlauber auch Zeit haben. Geld anzunehmen oder gar zu verlangen, gilt als grob und unhöflich.

legt. Historische Fotos von Arrecife schmücken das Lokal. Terrasse auf der Promenade El Charco. *Mo–Sa 11–22 Uhr, El Charco, Kategorie 3*

El Reducto
Hier ist es laut und die Bedienung unhöflich. Dafür aber schmecken die Fischgerichte gut. Viel Inselprominenz. *Tgl. außer So 11–16 und 18–24 Uhr, Avda. Fred Olsen, 1; Tel. 81 63 89, Kategorie 1*

Los Angeles
Einfaches Restaurant, in dem die Einheimischen zwischendurch ein Bier oder einen *café solo* trinken. Empfehlenswert die Tapahappen, hier gibt es auch Churros zum Frühstück. *Tgl., Ruperto Gonzalez Negrin 6, Kategorie 3*

Mamma Mia
Restaurant und Pizzeria; Treffpunkt ist die Manhattan Bar. Freundliche Atmosphäre. *Tgl., Calle Otilia Diaz, 8, Tel. 81 16 39, Kategorie 2–3*

Rincón de Majo
Ein Lokal, das Wärme und Gemütlichkeit ausstrahlt. Am Abend wird es deshalb eng und gesellig. Die Fischspezialitäten Seezunge, Merluza und Papageienfisch kommen teilweise fangfrisch auf die heiße Eisenplatte oder in den Aluminiumtopf. *Tgl. außer So, 12–15 und 19 bis 23 Uhr, Reservierung ist erforderlich, Tel. 81 42 62, Calle de Fernandez, 20; Kategorie 2*

San Francisco
Eines der letzten Tapa-Restaurants der Stadt. In dieser Kellerbar geht es immer hektisch und laut zu. Ob zum Frühstück *(Chocolate con Churros,* in Öl gebackene Teigkringel, 250 Ptas) oder zum kleinen Essen zwischendurch, die Bedienung ist schnell. Schüler, Geschäftsleute und Touristen essen hier *tapas*, kleine Leckerbissen als *medio ración* oder als *ración* (halbe oder ganze Portion). Lecker sind: Tortillas, Sardinen, Tintenfisch, Schinken oder *pescado frito*, in Öl gebackener Fisch. Dazu trinkt man Bier, Kaffee aber auch Sherry. *Tgl. außer So, ab 9 Uhr, León y Castillo, 10–12; Kategorie 3*

Taiwan
Ein chinesisches Restaurant, das ungewöhnlich beliebt und daher meist voll ist, Fisch- und Reisgerichte mit Huhn. Die Atmosphäre ist karg. *Tgl. 12.30–16 und 19.30–24 Uhr, Canalejas, 52; Tel. 81 45 62, Kategorie 2*

EINKAUFEN

Kleine Geschäfte, Banken, Cafés befinden sich im Geviert des Zentrums zwischen León y Castillo, Hermano Zerolo, Coronel Bens und der Generalisimo Franco.

Wer mit dem Auto kommt, wird lange nach einem Parkplatz im Zentrum suchen müssen. Eine Möglichkeit bietet der Platz am Castillo de San Gabriel. Denken Sie daran, in Arrecife werden Parkuhren geradezu übereifrig kontrolliert. Allgemeine Öffnungszeiten: *10–13 und 16.30–19 Uhr*

Almacén del Tejano
Modisches für junge Leute, der Schwerpunkt liegt auf Jeansmode. *Garcia de Hita, 24*

Arrecife, seit 1852 hat es Teguise als Hauptstadt abgelöst

Americanino
Italienische Jugendmode. *Calle Triana, 51*

Ayatima
Blumen, Palmen, künstliche und echte. *Calle García Escámez, 60*

Boutique de Mar
Alles Zubehör für den Wassersport. *Calle José Antonio 54*

Casual
Exklusives Modegeschäft, der Schwerpunkt liegt bei den italienischen und spanischen Marken. Ausgefallene T-Shirts. *Calle Cienfuegos/Ecke Hermanos Zerolo*

Chacara
Spanische Musik, gut sortierter Schallplatten- und CD-Laden. *Hermanos Zerolo, 1*

Centro Comercial Atlantida
Das größte Warenhaus der Insel. Über drei Stockwerke verteilt sind: Wohnungseinrichtungen, Kinderspielzeug, eine außergewöhnlich gut sortierte Lebensmittel- und Getränkeabteilung. Schnellservice für Fotoarbeiten. *León y Castillo*

Librería Diama
Buchhandlung, in der es außer Zeitungen und Bürobedarf auch deutsch- und englischsprachige Bücher gibt. Groß ist die Auswahl an Literatur zum Thema Kanarische Inseln. Leider ist alles sehr eng. Deshalb stolpert man über Pakete und Bücher. *León y Castillo, 12*

Mango
Aktuelle Mode, italienisch und spanisch, recht ausgefallen. *León y Castillo, 4*

Mercado
★ Traditioneller Markt, der leider nur noch wenige Stände hat. Hier verkaufen Bauern noch ihre Produkte: Bananen, Tomaten, Knoblauch, Kartoffeln, Mais, Zwiebeln, Apfelsinen, Mandeln, Melonen, Kürbisse und Nelken. In der Fischhalle finden Sie frischen Fisch. *Mo–Sa 7–12 Uhr, Calle Libre, neben der Kirche San Ginés*

El Mercadillo
⚲ Überdachter Innenhof mit Café und Souvenirgeschäften, Leder-, Schmuck- und Modeläden. Telefonzellen, beliebter Jugendtreff. *León y Castillo, 22–24*

Surf Shop
Alles, was der Surfer notwendig hat; modische Ausrüstung. *Calle José Antonio, 60*

Tejidos el Metro
Modische, teure und umfangreiche Kollektion an bunten und feinen Stoffen: Seide, Leinen, Baumwolle, Kaschmir. *Calle Aquilino Fernández, 3*

La Vegneta
Tabakladen, der Zigarren von La Palma verkauft. *León y Castillo, 23*

HOTELS

Seitdem das Gran Hotel geschlossen hat, gibt es kein komfortables Haus mehr. Es gibt einige kleinere Hotels und Pensionen, die aber nicht für einen längeren Aufenthalt geeignet sind.

Alepsa
Einfache Pension, in der vor allem Spanier vom Festland übernachten. *León y Castillo, 50; Tel. 81 17 56, Kategorie 3*

Cardona
Saubere und einfache Zimmer, z.T. ohne Dusche. *18 de Julio/ Ecke Igualdad, 11; Tel. 81 10 08, Kategorie 3*

Hotel Lanzelot
Modernes Haus, direkt am Stadtstrand. Elegante Einrichtung, freundlicher Service und 111 geräumige Zimmer. *Avda. Mancomunidad, 9, Tel. 80 50 99, Fax 80 50 39, Kategorie 3*

Miramar
Nach dem Lanzelot das 2. Haus am Platz. Zimmer mit Bad/Dusche und TV. Die Hälfte der 90 Zimmer hat Balkon und Seesicht. *Calle Coll, 2; Tel. 80 15 22/ 23, Fax 80 15 33, Kategorie 3*

AM ABEND

Agustín de la Hoz
Das städtische Kulturzentrum Casa de la Cultura. Konzerte, Diskussionsabende und Ausstellungen finden in diesem alten Stadtpalast statt. Termine beim Touristenamt oder im Kulturhaus. *Avda. Generalisimo Franco, 7; Tel. 81 19 54/81 19 50*

Multicines Atlantida
Vier Filmsäle im neuen Stadtkino; es gibt neuere Filmproduktionen zu sehen. Ausländische Filme sind entweder spanisch synchronisiert oder spanisch untertitelt. *Anfangszeiten: 18, 20.15 und 22.30 Uhr, Eintritt ab 400 Ptas, El Charco*

Bar Picasso
Am Wochenende Livemusik, exzellente Tapa-Bar. *Fr ab 22 Uhr, Calle José Betancourt*

Rincon de Majo
⚲ Beliebte Diskothek der einheimischen Jugend. *Ab 22.30 Uhr, Calle de Aguilo Fernandez, 16–20*

AUSKUNFT

Oficina de Turismo
Parque Municipal, Stadtpark, Tel. 81 17 62/81 10 60, Mo–Fr 10 bis 14 und 17–20, Sa 10–14 Uhr

Sonnenstadt zwischen Atlantik und Vulkanen

Zur Entspannung und für Entdeckungsfahrten in den grünen Norden

Von Teguise, der alten Hauptstadt, erstreckt sich das bis zu fünf Kilometer breite Famara-Massiv bis zur Inselspitze. Das älteste Gebirge der Insel ist bestimmend für das Wetter. Hier hängen die Wolken tiefer als im südlicheren Inselteil, und es regnet häufiger. Dafür bietet sich hier ein für Lanzarote ungewohntes Bild: Bei Los Valles sind Terrassenfelder angelegt, auf denen Mais und Gerste, Bohnen und Kartoffeln grünen. Im weiten Tal von Haría und Máguez sind die weiß gekalkten Häuser umgeben von hohen Palmen. Der wohl schönste Insel-Vulkan ist der Montaña Corona, an dessen Osthängen Wein angebaut wird. Bei Tabayesco finden wir einen fruchtbaren und sehr malerischen Barranco, eine Schlucht.

Entlang der Küstenstraße nach Orzola liegen einige kleine helle Sandstrände. Auch Orzola, ein am Ende der Insel liegendes Fischerdorf, hat Anschluß an den Tourismus gefunden: Es gibt mehrere Fischrestaurants, und die Fährboote nach Graciosa verkehren inzwischen sogar nach Fahrplan.

Der Norden, der zum großen Teil mit Lavaströmen, mit Lapilli und gewaltigen Basaltbrocken bedeckt ist, birgt unter seinen abgelagerten Auswurfmassen die größte Höhle der Kanarischen Inseln: die *Cueva de los Verdes*. Sie war einst ebenso wie *Jameos del Agua* Zufluchtsort der Insulaner vor Piraten. Beide Höhlen gehören zu einem etwa 6500 m langen Lavatunnel, der vor etwa 5000 Jahren entstand und seinen Ausgang an der Küste hat. Beide Höhlen können besichtigt werden. Cueva de los Verdes wurde im Urzustand belassen und ist die interessantere. In die Jameos del Agua wurden ein Restaurant, ein Konzertsaal, ein nicht zu benutzendes Schwimmbassin und ein Kongreßsaal hineingebaut.

Tropisch, großzügig – die Gartenanlage des Meliá Salinas in Costa Teguise

Im Norden liegen die Regierungsbezirke Haría und Teguise. Zu Teguise gehören verwaltungsmäßig die Insel Graciosa und Costa Teguise. Die Stadt Teguise war Vorbild für La Laguna auf Teneriffa, deren schachbrettartiges Grundmuster Modellcharakter für die spanischen Städte in Südamerika besaß.

Vor rund zweieinhalb Jahrhunderten markierten die Vulkanausbrüche einen Einschnitt in der Geschichte dieser Region; heute ist es die touristische Erschließung.

COSTA TEGUISE

(**D–E 5–6**) Lanzarote kennt keine Zeit. Deutlich wird dies an der Costa Teguise. Für Urlauber und Pensionäre scheint es ein magischer Ort zu sein. Die Infrastruktur der Anlage entspricht der einer mittleren Stadt. Es ist ein Ort, wo der Mensch endgültig über die karge Natur gesiegt zu haben scheint. Gassen, breite Straßen durchziehen die Ferienstadt, in der, wenn die Bauarbeiten zum Stillstand gekommen sind, 40 000 Betten in komfortablen Zimmern auf eine zahlungskräftige Kundschaft warten.

Während in den einst gottverlassenen Fischerdörfern Playa Blanca und Puerto del Carmen die alten Dörfer zum Ausgangspunkt quadratkilometerweiter Feriensiedlungen geworden waren, wurde hier, an der Costa Teguise, auf den Lavafeldern gebaut. Als die ersten Urlaubsquartiere vor etwa zwanzig Jahren entstanden, ging man nicht von einem Zentrum, sondern von mehreren aus, die aufeinander zuwachsen sollten. Im Gegensatz zu Puerto del Carmen ist hier alles großzügiger und ruhiger, für manche zu ruhig.

Es verlief aber nicht alles nach Plan. Spekulanten machten Pleite, dann blieben die Touristen weg, und schließlich wurde César Manrique, der mit der Planung beauftragt worden war, entmachtet. Trotz aller Rückschläge entwickelt sich die Urbanisation aber zu einem Ferienort mit Zukunft.

Costa Teguise ist das ehrgeizigste touristische Projekt der Kanarischen Inseln. Auf elf Quadratkilometern haben sich die Hotels und Bungalowanlagen mit Einkaufszentren, Restaurants, Cafés und Sportanlagen der Topografie angepaßt. Schwimmlandschaften, Badebuchten, zum Teil künstlich oder natürlich wie die von Playa de las Cucharas und dem sich anschließenden Jachthafen Futuro Puerto Deportivo, ein Golfplatz und der Wasserpark Acualanza wurden geschaffen. Kein Hochhaus weit und breit, keine blendenden Reklameschilder stören die exklusive Anlage, die von geradezu üppiger mediterraner Vegetation bewachsen ist: Palmen und Kakteen, Tamarisken und Eukalyptus, die wilden rosaleuchtenden Geranien, roter Hibiskus und Bougainvillea.

Drei Zufahrtswege verbinden mit der Urlaubsinsel: Die nördliche Straße – sie geht durch ein klotziges weißes, von einem Kreuz verziertes Tor, das von Manrique entworfen wurde und an ein Friedhofstor erinnert – führt zu den Kakteenfeldern von Mala und dem Palmenwald von Haría; im Süden geht eine Straße nach Arrecife, und die dritte führt zu den Stränden, Vulkanbergen und nach Teguise.

RESTAURANTS

Chino Chu Lin
Eleganter Chinese. Rund 75 Gerichte, Spezialität: Ente. Angenehmes Ambiente, freundliche Bedienung. *Take-away Service. Tgl. 11–23 Uhr, Calle Tandarena, Kategorie 2*

Casa Blanca
Im Stil der Costa Teguise. Gut: gegrillter Fisch. *Tgl. ab 18 Uhr, Las Olas 4, Tel. 59 01 55, Kategorie 1*

Las Maretas
Ein wenig langsam, aber sehr angenehm. Sehr gut der Fisch und

MARCO POLO TIPS FÜR COSTA TEGUISE UND DEN NORDEN

1 **Arrieta**
In dem stillen Fischerdorf fasziniert ein eigenwilliges Privathaus. Die blaue Villa steht direkt am Wasser (Seite 46)

2 **Cueva de los Verdes**
Grandioser Vulkantunnel, wer hier nicht durchgewandert ist, war nicht auf Lanzarote (Seite 46)

3 **Guatiza**
Ein Spaziergang durch die stacheligen Opuntienfelder. Wer sich dann noch nicht an Kakteen sattgesehen hat, kann den Jardín de Cactus mit rund 1500 Wüstenpflanzen besichtigen (Seite 46)

4 **Haría**
Kleinstadt und die eindrucksvolle Parade der 1000 Palmenbäume (Seite 48)

5 **Jameos del Agua**
Die Lagune mit weißen Krebsen ist eine der Attraktionen der hohen Lavahöhle (Seite 49)

6 **Meliá Salinas**
Ein elegantes Hotel mit vorzüglicher Küche (Seite 44)

7 **Mirador Riscos de Famara**
Der Aussichtspunkt gehört zu den schönsten der Insel. Rundblick über die Famarabucht und zur Insel Graciosa (Seite 50)

8 **Plaza de la Constitución**
Die ehemalige Hauptstadt besitzt einen beeindruckenden Marktplatz. Am Sonntagmorgen ist Markttag in Teguise (Seite 53)

9 **Tabayesco**
Zauberhaftes Tal. Auf Terrassen wachsen Mandeln, Aprikosen und Feigen (Seite 50)

10 **Torrecilla del Domingo**
Inmitten von Lavaschlacke und umgeben von Weinbergen steht ein geheimnisvolles Schloß (Seite 51)

eine Lachsspezialität aus Uga. *Tgl., Centro Comercial Maretas (an der Bucht Las Cacharas), Kategorie 2*

Meson al Sur

Beliebter Treffpunkt für Deutsche. Hier gibt es Mehlspeisen, selbstgemachte Spätzle und Maultaschen. *Tgl. 12.30–15.30 und 18.30–22.30 Uhr, bei der Anlage Las Coroñas, Kategorie 2*

Meson el Establo

Gemütliches und beliebtes Ausflugslokal der Einheimischen. Die Auswahl beschränkt sich auf Fleischgerichte vom Grill, abgerechnet wird nach Gewicht. Chef Cabrera hat viel Erfolg. *Tgl. außer Mo 10 bis 24 Uhr, Tel. 81 64 37, Avda. de Teguise, Kategorie 1/2*

Pueblo Marinero

In dem noch von César Manrique entworfenen »Fischerdorf« befinden sich mehrere Restaurants und Cafés, so die *Creperie (Mi–Mo 19–23 Uhr), La Vianda* (Tapas, deutsches Pils). *Avda. de Las Islas Canarias, Tel. 59 01 17, Kategorie 2*

HOTELS

Celeste

Apartment-Anlage, die aus drei Häusern besteht und an die Playa de los Cucharas grenzt. Die Zimmer sind schmal, Holzmöbel, Einbauküche. Zentrale Lage, kein Meerblick. Surfschule. *Avda. Islas Canarias, Tel. 59 17 20, Fax 59 24 82, Kategorie 2*

Gardens-Aparthotel

Ein sympathische Anlage mit großzügigen Apartments, besonders für Familien geeignet. Swimmingpool und Planschbekken. *242 Zi., Tennisplätze. Zum Strand Las Cucharas rund 100 m. Costa Teguise, Tel. 59 01 00, Fax 59 17 84, Kategorie 2*

Meliá Salinas

★ Zählt zu den noblen Inselhotels. Die Zimmer sind groß, die Ausstattung großzügig. Weite und herrliche Gartenanlage mit Pool, wunderschöne Aussicht über Strand und Meer. Vorzügliche Gerichte werden in einem Restaurant mit eleganter Einrichtung serviert. Großer offener Innenhof, in dem ein frischer Wind schon mal Frische und Kühle verbreitet; faszinierend das üppige Wechselspiel zwischen Pflanzen und Wasser. *Avda. Islas Canarias, Tel. 59 00 40, Fax 59 03 90, 310 Zi., Luxus-Kategorie*

Tahiche

Populäre Apartment-Siedlung, angelegt im kanarischen Stil. Ausgesprochen reizvolles Ambiente. Kinderfreundlich. Auch hier, wie überall in dieser Ferienstadt, bildet der Swimmingpool den Mittelpunkt. *Avda. Islas Canarias, Tel. 81 63 25, Kategorie 1*

Teguise Playa

Neue Hotelgeneration: Kühl und großzügig, viel Grün und Holz bestimmen diesen Zweckbau. Terrassen-Swimmingpool-Landschaft. Atmosphäre erinnert eher an ein Kongreßhotel. *Avda. del Jablillo, Tel. 59 06 54, Fax 59 09 79, Kategorie 1*

SPIEL UND SPORT

Baden

Zum Baden und Schwimmen eignen sich die Buchten von Las

Cucharas und Bastian. Im Wasserpark Acualanza sind viele bunte Rutschen, Planschbecken, Pools, Liegewiesen; Restaurant und Snackbar. Nüchterne und einfache Architektur. *Tgl. 10–17 Uhr, Tel. 592128, Avda. de Teguise, Eintritt 1450 Ptas, Kinder bis 12 Jahre 700 Ptas, Liegen ab 200 Ptas*

Golf
Die 18-Loch-Anlage ist der große Stolz der Planer (tgl. 8–18.30 Uhr). Korrekte Kleidung. Die Kosten für Green Fees: 4500 Ptas, Schläger und Golfauto können gemietet werden. Im Golf-Shop können die vergessenen Dinge gekauft werden, auf der Terrasse des *Club de Golf* wird man durchaus auch als Nichtgolfer bedient. Spielausweis nicht vergessen. *Avda. de Golf, Tel. 590512, Fax 590490*

Tennis
An der Costa gibt es eine Anzahl von Plätzen. *Stunden-Preis pro Platz 600–800 Ptas, Reservierung über die Hotel-Rezeptionen*

Toca Sport
Sportzentrum mit fast unbegrenzten Möglichkeiten, etwa Tennis, Squash, Billard, Fahrradverleih; Bar. *Avda. del Jablillo, Tel. 590230*

Verkehrsmittel
Busse fahren in Höhe Hotel Salinas nach Arrecife. Etwa jede halbe Stunde, Mo–Fr 7–21.30 Uhr. Eine Taxifahrt nach Arrecife kostet 1150 Ptas, zum Flughafen 1500 Ptas, Bus zum Sonntagsmarkt in Teguise 10 Uhr.

Windsurfing
Für den Surfer ist *Looping* eine gute Adresse. Die Sprachen im Ausbildungszentrum: Englisch, Spanisch, Französisch und etwas Deutsch. Internationale Atmosphäre. Surfbretter können einen Tag oder wochenlang gemietet werden: pro Stunde 1500 Ptas, eine Woche 16000 Ptas, *Looping Service Center, tgl. 9.30–20 Uhr, Aptos. Mary Sol, Tel. 590132. Die Surf Company* bietet Unterricht in Deutsch, eine Std. 1600 Ptas, ein Tag 5500 Ptas. *Calle Puerto Tahiche, local 16, Tel. 591974*

AM ABEND

Die Costa ist ein vergleichsweise gediegenes, behütetes Pflaster. Das Nachtleben konzentriert sich in den größeren Hotel- und

Surfen vor der Küste Lanzarotes

Im Herbst verliert der Passat seine Kraft, das ist die Zeit für Anfänger im Surfen. Im Winter bis zum April ist es recht stürmisch, dann kann der Wind aus allen Richtungen kommen. Anfänger finden bei Los Pocillos, Las Cucharas und La Santa ein gutes Gebiet. Risikofreudige Surfer zieht es vor die Küste bei Jameos del Agua und Playa Grande, bei Nordwestwind kann auch die Famara-Bucht für Profis verlockend sein. Allerdings wegen der Strömung nicht ungefährlich. Einfacher ist es im Süden bei Playa Blanca. Von dort ist es möglich, durch die Meerenge nach Fuerteventura zu fegen.

Apartmentanlagen. An lauen Sommerabenden schlendern Heerscharen von Spaziergängern über die Promenade, man trifft sich in den Terrassencafés.

Aquamarina

Apartment-Anlage Los Zocos. Jeden Abend Disko, Live-Musik, häufig bis 3 Uhr. Sehr jugendliches Publikum. Am Donnerstag gibt's Kabarett und am Mittwoch die Flamenco-Show. *Avda. de las Canarias, Tel. 81 58 18*

Joy

Nach Mitternacht trifft sich die Jugend der Costa hier. Flotte Diskomusik. *Bis 6 Uhr geöffnet, Eintritt kostenlos. Apartmentanlage La Galea*

Spielcasino

Im *Hotel Oasis* befindet sich das einzige Spielcasino der Insel – Black Jack, American Roulette, Spielautomaten. Ausweis, korrekte Kleidung. *Tgl. 21–5 Uhr, Avda. del Mar, Tel. 59 25 25*

AUSKUNFT

Tourist Office

Avda. Islas Canarias (zw. Hotel Melia und Lanzarote Beach Club), Mo bis Fr. 8–13 Uhr, Tel. 59 08 10

ZIELE IN DER UMGEBUNG

Arrieta **(E 3)**

★ Das *Blaue Haus* eines Lanzaroteño, der in Venezuela zu einem Vermögen gekommen war, ist Blickfang des Dorfes. Seit Juli 1995 befindet sich hier das »Museo de Africo«, *tgl. 10.30–19.30 Uhr, 500 Ptas.*

Das Fischerdorf lockt Ausflügler mit einigen einfachen und guten Fischlokalen: *El Ancla, tgl. 12.30–14.30 Uhr, Kategorie 2. El Charcon, tgl. außer Mi zwischen 11 bis 21 Uhr, Kategorie 2. Casa Miquel,* eine der bekanntesten Fischkneipen, stets frische und einfache Zubereitung; der Tischwein ist bereits so verdünnt, daß man kein Tafelwasser mehr benötigt, 500 Ptas der Liter. *Tgl. außer Mo 12–21 Uhr, Tel. 83 52 25, Kategorie 2. La Nasca,* Fischlokal am Meer, *tgl., Kategorie 2. Los Pescaditos,* gut und noch preiswert, *tgl. außer Mi, Tel. 83 54 66, Kategorie 2*

Cueva de los Verdes **(F 2)**

★ ☨ Nachdem etwa die Hälfte der riesenhaften Lavaröhre erreicht ist, kommt man in eine große Halle, in der Stühle zum Ausruhen stehen und gregorianische Gesänge ertönen. Bereits im 16. Jh. beschrieben, vermittelt diese Halle noch immer den Eindruck, eine »Kathedrale der Natur« zu sein. Das noch immer unerforschte Höhlensystem gehört zu den großen Erlebnissen eines Aufenthaltes auf Lanzarote. Von dem sieben Kilometer langen Höhlensystem – es ist der längste Lavatunnel der Welt –, das unterhalb der Montaña Corona beginnt und im Meer endet, ist weniger als die Hälfte zugänglich. Der Rundgang dauert eine Stunde. In dem Labyrinth hatten einst die Lanzaroteños vor Piratenüberfällen Zuflucht gesucht. Nachmittags ist es leerer. Vormittags stoppen die Bustouren hier. *Tgl. 10–18 Uhr, Eintritt 700 Ptas (incl. Führung)*

Guatiza **(E 4)**

★ Eine alte Eukalyptusallee ist typisch für dieses Straßendorf.

609 Meter ist er hoch, der Vulkan Monte Corona

Bekannter ist der Ort jedoch für seine weiten Opuntien-Kakteenfelder, auf denen die Cochenille-Läuse leben, die den begehrten natürlichen roten Farbstoff der Karminsäure produzieren. In der Mitte des vorigen Jahrhunderts war Lanzarote ein blühendes Läusezentrum. Heute erntet man von den mit Karminsäure gefüllten Larven nur noch einige Tonnen Farbstoff. Der Anteil von Lanzarote an der Weltproduktion von Karminsäure beträgt nur noch 0,3 Prozent. Ein Kilo Karminrot, rund 150 000 Larven müssen dafür von den Feigen-Kakteen geschabt werden, kostet um 600 Mark. Der natürliche Farbstoff wird für das Färben von Seide, Teppichen, teuren Stoffen und für Kosmetika benötigt.

Von Guatiza führt eine Straße zum Feriendorf Cocoteros, unweit einer alten Saline. Die weitläufige Landschaft eignet sich gut für Wanderungen durch die Opuntien-Kulturen. Zahlreiche Landgüter befinden sich in dieser landschaftlich attraktiven Gegend. Einige der Häuser wurden von Fremden aufgekauft und renoviert, andere stehen verfallen da. Im Dorf gibt es keine empfehlenswerten Restaurants. An der Hauptstraße, gegenüber der Bushaltestelle, finden Sie eine einfache Bodega in einem alten Palacio.

Kaktusgarten: Am Ortsende, unterhalb der Windmühle, befindet sich der Jardín de Cactus, die letzte Arbeit von César Manrique. Rund 10 000 verschiedene Kakteen aus allen Wüstenregionen wurden hier angepflanzt. Der eindrucksvollste Kaktus steht auf dem Parkplatz: er ist grün, aus Stahl, und seine Stacheln sind aus Eisen. In der restaurierten Mühle wird *gofio* gemahlen und verkauft. *Tgl. 10–19 Uhr, Tel. 52 93 97, Eintritt 425 Ptas, Snackbar*

Guinate (E 2)

Inmitten einer fruchtbaren Landschaft befindet sich das Dorf, ein Weg führt zu einem

Aussichtspunkt mit Blick auf das steil aufragende Famaragebirge. Ein steiniger Eselspfad windet sich zur Bucht, an der einst die Boote aus Graciosa anlegten. Der schwierige Abstieg dauert rund zwei Stunden.

Tropical Park: Das ist ein Vogelpark mit Eulen, Flamingos und radfahrenden Papageien. *Tgl. 10–17 Uhr, Eintritt 800 Ptas, Kinder bis 14 Jahren 500 Ptas*

Haría **(E 2–3)**

★ Die Täler im Norden sind allesamt lohnend für einen Ausflug. Landschaftlich besonders reizvoll sind die praktisch zusammengewachsenen Orte Haría und Máguez mit etwa 3000 Ew. Berühmtester Bewohner von Haría war César Manrique, der sich seinen Geburtsort zum Alterssitz auswählte. Die mit Eukalyptusbäumen fast zugewachsene Plaza León y Castillo belebt sich allein am Samstag, durch Souvenirhändler. Ein Kirchenmuseum (unregelmäßig geöffnet), *Museo de Arte Sacro*, und ein Handarbeitszentrum *(Calle Barranco, 4; tgl. 11–13 Uhr)* sind von Interesse. Hier werden von Handwerkern Körbe, Keramik oder Bilder aus Sand hergestellt. *Museo de Miniaturas*, eine ehemalige Kapelle für Liebhaber von Miniaturen *(tgl. 10–19 Uhr, Eintritt 500 Ptas)*. Möglichkeit zum Eselreiten neben dem Museum *(10 Min. 700 Ptas)*. Restaurant *El Cortijo* im Bauernhof *(tgl. 10–20 Uhr)*.

Haría wird auch das »Tal der tausend Palmen« genannt. Oberhalb der Paßstraße hat man eine wunderschöne Aussicht auf das grüne Dorf, dessen weiße Häuser von Feldern und der *Phoenix Canariensis* umgeben sind. Die Dattelfrüchte sind ungenießbar. Am Ortsrand von Maguez befindet sich das *Los Cascajos*. Bemerkenswert ist der Blick ins Tal vom karg möblierten Restaurant. Auf deutsche Gäste hat man sich eingestellt: Es gibt Filterkaffee, tagsüber ein Buffet *(etwa 950 Ptas, Kategorie 2)*.

Das Schwimmbad am Ausgang der Höhle von Jameos del Agua

Ein Blick vom Mirador del Rio auf die Insel Graciosa

Jameos del Agua **(F 2)**

★ Etwa 300 m von der Küste entfernt kann man in die 60 m lange, 22 m breite und rund 20 m hohe Höhle Jameos del Agua steigen. Im luftigen Höhleninneren blühen Blumen und Bougainvillea, stehen Palmen, Agaven.

Die Lagune ist die Hauptattraktion des Vulkantunnels. Jameos del Agua und Cueva de los Verdes gehören zu einem gemeinsamen Lavatunnel, der vor rund 5000 Jahren entstanden ist. In dem kleinen Salzwassersee leben etwa drei Zentimeter große und blinde Albino-Tiefseekrebse. Sie sind vom Aussterben bedroht, weil Besucher ständig Münzen ins Wasser werfen, deren Kupfer das Wasser vergiftet. In den letzten drei Jahren ist der Bestand um die Hälfte zurückgegangen. Der See hat Verbindung mit dem Meer. In der Höhle, die 1892 entdeckt wurde, befinden sich ein Schwimmbecken, eine Bühne für Folkloredarbietungen, ein Konzertsaal, ein Restaurant und eine Bar. *Tgl. 10–19 Uhr, Eintritt 800 Ptas. Folkloreshow Do, Fr und Sa von 19–3 Uhr, 1100 Ptas, Tel. 83 50 10*

Mirador del Rio **(E 1)**

Rund eine halbe Million Dollar soll der Ausbau des 1974 in Angriff genommenen *Balcón de la Batería* zum Mirador del Rio gekostet haben. Vom verglasten Restaurant und einer schmalen Plattform erkennt man die Meerenge von El Rio, die goldgelben Strände und die Inseln Graciosa, Alegranza, Montaña Clara, Roque del Este und Roque del Oeste. 400 m tief liegen die weiß-braun-rot verfärbten Salzpfannen der ehemaligen Saline. Wer Eintrittsgeld sparen will: Von der vor dem Mirador beginnenden Panoramastraße hat man einen noch schöneren Weitblick über Meerenge und Salinenfelder in 479 m Tiefe. *Tgl. 10–18.45 Uhr, Tel. 83 50 10, Eintritt 350 Ptas*

Mirador Riscos de Famara **(E–F 1)**
★ Dieser Abstecher lohnt schon der schönen Aussicht wegen. Eine Piste führt von der Straße zum Plateau, auf dem Kiefern, Tamarisken und verschiedene Tabaiba-Arten wachsen. Die endemische *Euphorbia canariensis*, auch *cardón* genannt, sondert eine ätzende weiße Flüssigkeit ab. Auffällig auch die zahlreichen gelbblühenden Ginsterbüsche und hellrotblühenden wilden Geranien. Auf dem Plateau sind einige Picknickplätze eingerichtet. Die Aussicht auf das Famaragebirge, den El Rio und die Insel Graciosa ist eindrucksvoller als vom Mirador del Rio – und sie kostet nichts. An der Straße zwischen Los Valles und Haría. Abzweigung unterhalb der Militäranlage beim Piktogram »Foto«.

Orzola **(F 1)**
Das Fischerdorf ist trotz der kleinen Uferpromenade ohne Reiz. Interessant ist die Umgebung, die gerne von Unterwasserfischern aufgesucht wird. Wer morgens auf das Fährboot nach Graciosa wartet, kann beim Entladen der Fischerboote sehen, wie artenreich die Fischgründe noch sind: Papageienfische *(vieja)*, Muränen, Seeaale, Tintenfische, Langusten, Sardinen, Haie und Thunfische. Es gibt hier mehrere auf Fisch spezialisierte Restaurants: das *Allegranza* ist eine einfache Dorfkneipe, liegt nicht am Wasser, daher noch preiswert *(Kategorie 3)*. Die Lage der *Perla del Atlantico* an der Promenade zählt zu den besseren Adressen. Fischgerichte. Fragen Sie nach Lanzarotewein aus Tao *(tgl. 10.30–22 Uhr, Kategorie 2)*. Von Orzola fahren täglich Boote nach Graciosa. *(10, 11.30, 17 Uhr. Von Graciosa nach Orzola 10 und 17 Uhr, Fahrpreis 1500 Ptas, Fahrtdauer etwa eine halbe Stunde. Abfahrtszeiten können sich ändern.)* Bei stürmischer See wird nicht oder unregelmäßig gefahren. *Tel. 84 20 55/70. Busanschluß von und nach Arrecife, Fahrpreis 400 Ptas*

Tabayesco **(E 3)**
★ Im schönsten Tal der Insel, zwischen Haría und Arrieta, liegt der Weiler Tabayesco. Auf kunstvoll angelegten Terrassenfeldern wachsen Tomaten, Feigen, Mandeln, Zwiebeln, Kartoffeln, Paprika, Rüben. Beeindrukkend die weiten Obstgärten. Einst wurden die Produkte auf dem Markt verkauft. Für die meisten Bauern, die inzwischen zu großem Wohlstand gekommen sind, lohnt die Ernte und der Verkauf nun nicht mehr. So wird im allgemeinen nur noch für den Eigenbedarf und/oder für die Verwandtschaft geerntet. Feigen, Mandeln und Aprikosen läßt man verfaulen. Viele Terrassenfelder liegen brach; Steinmauern, die Pflanzen vor dem Wind schützten, sind eingestürzt.

Tahiche **(D 5)**
In diesem Ort befindet sich die »Fundación César Manrique«. Das frühere Wohnhaus des Künstlers kann seit dem Sommer 1992 besucht werden. Es wurde 1968 auf Lavagestein und in sogenannte Lavablasen gebaut. Das Anwesen widmet sich in allen seinen Räumen vor allem der Malerei von César Manrique. *Tgl. 10–19 Uhr, Taro de Tahiche, Tel. 81 01 38, Eintritt 800 Ptas*

Ye **(E 2)**
Auf einer Rundfahrt durch den Norden kommt man auch durch das große *Malpaís*, das schlechte Land, das sich rund um die Montaña Corona erstreckt. Am Fuß des 608 m hohen Vulkans – mit seinem wuchtigen 400 m breiten Kegelstumpf gehört er zu den schönsten der Insel – liegt die Siedlung Ye und erhebt sich das Kastell ★ *Torrecilla del Domingo*. Das eindrucksvolle Anwesen, umgeben von Weinbergen, gehört einem Baron, der bei München lebt. Seit Jahren steht es zum Verkauf. Ob es nun am Preis oder am Geist liegt, es soll sich um die Frau des früheren Besitzers handeln, die dort nachts herumspukt –, bislang fand das Haus noch keinen Käufer.

ISLA LA GRACIOSA

(A–B 1–2) Die Meerenge El Rio trennt an ihrer schmalsten Stelle die Insel La Graciosa von Lanzarote nur durch einen Kilometer. Vom Aussichtspunkt Mirador del Rio, dem »Balcón de la Bateria«, hat man einen schönen Weitblick auf die goldgelben Strände von La Graciosa, die dunklen Vulkanberge sowie auf die Felsinseln Montaña Clara und Alegranza und die Roques del Oeste und del Este. Die einzige Möglichkeit, um zur Insel zu gelangen, ist eine Bootsfahrt von Orzola aus.

Der normannische Seefahrer Jean de Béthencourt taufte 1402 die Insel »die Anmutige«. In dem auffallend strahlenden, blendenden Licht lernt der Inselgast bei Ankunft an der Mole als erstes *Caleto del Sebo*, das einzige Dorf, kennen. Gleich drei Schilder bedeuten ihm, was er auf der unter Naturschutz stehenden Insel nicht darf: kampieren, unterwasserfischen und im Hafenbecken schwimmen.

Caleto del Sebo ist ein kleines Feriendorf der Einheimischen, hat zwei empfehlenswerte Pensionen mit Restaurant und die Möglichkeit zum Wandern und Sonnen. Der Archipel ist seit 1995 Meeresreservat, das sechste Spaniens.

ÜBERFAHRT

Tgl. 10 und 17 Uhr ab Orzola, im Juli bis Aug. auch 11.30, 18.30 Uhr. Ab Graciosa 8 und 16 Uhr, Fahrpreis hin und zurück ca. 1500 Ptas, Tel. 84 20 55/70

UNTERKUNFT

Hostal Enriqueta
Einfache Inselpension, zudem ein Restaurant. Familiäre Atmosphäre. Die 12 Zimmer sind zweckmäßig, d.h. mit Betten und zwei Stühlen ausgestattet, z.T. mit Dusche. *Tel. 81 02 51, Kategorie 3*

Hostal Girasol
Das kleine Hotel mit Restaurant steht direkt am Hafen. Einfache, saubere Zimmer, zum Teil mit Meerblick, zum Teil mit Dusche. *Tel. 84 00 93, Kategorie 3*

WANDERUNG

Einmal um Graciosa
Der Weg ist etwa 18 km lang und dauert zwischen dreieinhalb bis vier Stunden. Feste Schuhe, Kopfbedeckung, Sonnenschutzcreme und Trinkwasser gehören zur Ausrüstung. Es geht vorbei

an der Kirche Virgin del Mar – an den staubigen Gassen grünen seit 1991 junge Palmen – bis zur schmalen Promenade am Wasser entlang. Hinter den letzten Häusern beginnt ein Saumpfad, der zu einer kleinen verträumten Badebucht führt. Von dort aus laufen Sie querfeldein in Richtung Piste, die nach Pedro Barba, einer Feriensiedlung der Lanzarotener, führt. An der Piste erhebt sich die Montaña del Mojón, ein 188 m hoher erloschener Vulkan mit einem ungefähr 70 m tiefen Krater.

In der kargen Landschaft gedeihen Eispflanzen *(Barilla)*, Aulaga *(Launaea arborescens)* und andere graugrüne Pflanzen. Nachdem die Anhöhe überquert worden ist, kommt man an eine Kreuzung: Rechts geht es nach Pedro Barba, und links führt der Weg zur Playa del Ambar. Etwa ein Drittel der Strecke liegt bereits hinter Ihnen. In der Ferne hört man das Meer rauschen und sieht die Insel Alegranza deutlich. Sie ist das nördlichste Eiland der Kanaren. Die 12 qkm große, unbewohnte und 10 km von Graciosa entfernte Insel ist ein Stützpunkt der Fischer von Graciosa und ein Ziel für Unterwassersportler. Dominiert wird sie vom 289 m hohen La Caldera, dessen Durchmesser etwa 1200 m mißt. Die anderen Felsinseln: Montaña Clara, Roque del Oeste und Roque del Este.

Die Piste ist sandig, links und rechts des Weges sehen Sie zahlreiche Wanderdünen, deren Wüstensand in der Sonne wie Gold glänzt. Das Baden im Meer ist auf dieser Seite von Graciosa beinahe unmöglich, die tückische Strömung überlistet selbst den geübtesten Schwimmer. An der Steilküste führt der staubige Pfad durch das mit Schnecken übersäte Gebiet. Untersuchungen der versteinerten Funde in dieser Sandregion haben ergeben, daß Graciosa und Lanzarote einst von einer dichten Pflanzendecke bedeckt gewesen sein müssen. Ein radikaler Klimaumschwung hat hier stattgefunden, da die zahlreichen Fossilien unter den jetzigen Temperaturen nicht hätten existieren können.

Schneckenfossilien und ein paar vom Wind zerzauste Sträucher, keine schattenspendenden Bäume, aber viel Sand kennzeichnen diese Ebene von ge-

Die Isla Graciosa, »die Anmutige«, steht unter Naturschutz

schmolzener und ineinandergeschobener Lava. Klumpige, prähistorische Monster. In der Ferne hört man den Atlantik, wie er die vom Passatwind getriebenen Wellenberge gegen die erstarrte Lavaküste anrollen läßt, dort brechen sie sich mit tosendem Krachen.

Der staubige Pfad, auf dem die Landrover ihre Spuren hinterlassen haben, endet endlich an einer sehr weiten Bucht, in der türkisfarben und kühl das Meer lockt: Playa Lambra. Aber das Idyll täuscht, verdeckt vom schneeweißen feinen Sand liegen dicke Teerklumpen, an den Steinen und im Sand hat der Atlantik Zivilisationsschutt abgelagert: Beutel, Holzdielen, Plastiksandalen, Plastikeimer, Holzfässer, Milchdosen.

Immer in Sicht ist der 266 m hohe Agujas Grande und zur Rechten der Montaña Bermeja, 157 m hoch. Aus einer Reisebeschreibung aus dem Jahre 1764 wissen wir, daß an der Bucht viel *ambergris* angespült worden ist, graue Pottwal-Ambra, die in der Parfumherstellung sehr geschätzt war.

Von der Playa Lambra geht es quer durch die Wanderdünen, um nach etwa zwanzig Minuten wieder auf der ausgefahrenen Piste rauszukommen, die schnurstracks Richtung Playa de las Conchas führt: Ein herrlich weißer Muschelstrand liegt am Fuß der rötlichen Montaña Bermeja. Von hier aus ist es noch etwa eine Stunde bis nach Caleta del Sebo.

Unweit vom Ort, im Osten, liegt der weite Badestrand *Playa Francesa*. Beim Anblick der blendenden Strände von Playa Francesa glaubt man gern die Legende, daß Gott nach der Erschaffung der Erde seine rechte Hand auf Graciosa aufstützte, um sich auszuruhen und sein Werk zu bewundern.

Hinter der Punta Marrajos liegt der Traumstrand *Playa de la Cocina*, begrenzt vom Lieblingsvulkan der Fotografen, dem gelbrötlich schillernden Montaña Amarilla (172 m).

Der Ort *Caleto del Sebo* mit seinen rund fünfhundert Einwohnern liegt weit und entrückt von der Welt. Die Dorfbewohner sind wohlhabend, dank der reichen Fischfänge vor Marokkos Küste und dank der Besucher. Denn verdient einer gut, haben alle etwas davon: Fast alle Einwohner sind miteinander verwandt. Und das größte Unglück der Neuzeit konnte rechtzeitig verhindert werden: 1898 wollten die Amerikaner La Graciosa von der Spanischen Regierung für 99 Jahre als Fischereibasis pachten, der Vertrag wurde glücklicherweise nicht ratifiziert. Die Insel wäre heute Militärbasis mit allen entsprechenden Folgen für die anderen Kanaren. Viel Abwechslung bietet das Dorf nicht. Die Männer treffen sich abends zum Boulespiel, Frauen, Kinder und Touristen sind zum Zugucken eingeladen.

TEGUISE

(D 4) Die »königliche Stadt«, Real Villa de Teguise, um 1406 von Maciot de Béthencourt, dem Neffen des normannischen Eroberers, gegründet, hat sich ihre alte Würde bewahrt. Die Mitte der Kleinstadt bildet die ★ *Plaza de la Constitución* mit dem langgestreckten und renovierten Palacio de Spinola aus dem 18. Jahrhundert und der 1428 errichteten Pfarrkirche Nuestra Señora de Guadalupe.

Der erste Bischofssitz der Kanarischen Inseln führt seine Gründung auf das prähistorische Guanchendorf Gran Aldea zurück. Die breiten Gassen und großzügig angelegten Plätze vermitteln die Atmosphäre andalusischer Dörfer. Im Ort stehen zahlreiche alte Herrensitze, nach außen abgeschlossen, gruppieren sich im Inneren um einen Patio die hohen Wohnräume. Typisch für die Hausfront sind die Klappläden. Die Stadthäuser mit den eindrucksvollen hohen und hölzernen Portalen sind im spanisch-amerikanischen Stil erbaut. Der wohlhabende Teil der Bevölkerung trifft sich gerne in dem restaurierten Palast des Herrera-Clans zu Tagungen, Vernissagen, Modeschauen und Vorträgen. Vor allem aber ist es »en vogue« in diesem alten Gemäuer »moderne Kunst« von zumeist einheimischen Künstlern auszustellen.

Die Kirche San Miguel von Teguise mit der Plaza

Die »Blutgasse«, Callejón de la Sangre, erinnert an jene Tage im Jahre 1568, als der nordafrikanische Piratenfürst Morato Arraez, der zuvor Arrecife gebrandschatzt hatte, auch Teguise plünderte, zahlreiche seiner Bewohner ermordete oder sie zu Sklaven machte. Bis 1618 dauerten die Piratenüberfälle. Das gegen diese Überfälle erbaute Castillo Santa Barbara erwies sich im Ernstfall als nutzlos. Daher ist auch wenig an mittelalterlichen Kunstschätzen in den Klöstern und Kirchen der Stadt zu sehen.

Bis ins 18. Jahrhundert wurden etwa zwanzig Piraten-Raubzüge gezählt. Berber und Algerier wurden von dem vermuteten Reichtum Lanzarotes angezogen. So sollen auf Lanzarote große Getreidefelder und Weingärten bestanden haben. Angebaut wurden diese Kulturen von der Herrera-Familie. Dieser Clan hatte auf Lanzarote den sogenannten *senorio*-Status eingeführt, eine Art Leibeigenschaft. Die Familien Herrera, Béthencourt und Peraza gelten auch heute noch als einflußreich und wohlhabend, da ihnen der größte Teil des Grundbesitzes auf Lanzarote gehört. Ohne diese drei großen Familien, so wird gesagt, gehe nichts auf der Insel. Auch die Inselpolitiker dürfen dank der alten Clans Macht ausüben.

Teguise gilt als der Ort, in dem die Timple, das kleine gitarrenähnliche Instrument, erfunden worden ist. Noch heute gibt es mehrere Timplebauer; der bekannteste ist Simon Morales Estabán, der seine Werkstatt in der

Escuela de Artesana hat, unmittelbar neben der Kirche Vera Cruz (erbaut 1750). Neben kleineren Instrumenten baut Estabán wahre Schmuckstücke. Die kosten dann aber auch rund 200 000 Ptas, die Bauzeit dauert ein Jahr. Am Sonntag ist Markttag *(9–14 Uhr)*. Bis zu 10 000 Besucher drängeln sich dann in den engen Gassen. Wer die Stadt wirklich erleben will, sollte einen anderen Tag wählen.

Hinter der Kirche San Miguel befindet sich ein großer Platz mit einem Brunnen, Mareta genannt. Diese ehemalige Wasserauffang-Anlage wurde 1992 renoviert. Unter dem Platz befinden sich Gänge, in denen das Regenwasser gesammelt wurde, das vom Krater Guanapay ins Tal floß. Das gewaltige unterirdische Kanalsystem in den Katakomben aus Lavagestein ist nicht zugänglich.

Bedauert wird inzwischen, daß vor einigen Jahren das großflächige und rund 300 Jahre alte Pflaster in den Gassen mit Beton übergossen wurde. Die Straßen sollten nach dem damaligen Bürgermeister Martin »moderner« gestaltet werden.

Viele Ausländer haben alte Häuser zu prächtigen Refugien ausgebaut: Das Miteinander zwischen Deutschen, Engländern und Einheimischen verläuft nicht problemlos.

1852 gab »San Miguel de Teguise« den Titel, Hauptstadt der Insel zu sein, an den aufstrebenden Hafenort Arrecife ab. Der Gemeindebezirk von Teguise erstreckt sich von Küste zu Küste über 265 Quadratkilometer und umfaßt die Costa Teguise und Graciosa.

BESICHTIGUNGEN

Caja Canarias

Das »Zehnthaus« wurde 1412 als erstes »europäisches Haus« auf einer kanarischen Insel erbaut. Heute ist darin die Zweigstelle der Inselbank untergebracht (gegenüber Palacio de Espínola). In dem langgestreckten Bau daneben befinden sich mit dem »Acatife« eines der ältesten Restaurants der Insel und die beiden einzigen nennenswerten Souvenirläden *(Artensenia* und *Teguise 10–13 Uhr)*. Teguise kennt weder Hotels noch Pensionen. Das Abendleben ist nicht sonderlich aufregend, man trifft sich in Bars oder zum Essen.

Castillo Santa Barbara

Oberhalb von Teguise erhebt sich am Rande des eingestürzten Kraters Guanapay diese Festung. Das Bauwerk wurde nach Plänen von Leonardo Torriani gegen Ende des 16. Jahrhunderts erbaut, auf den Resten einer alten Anlage. Nach jahrelanger Renovierung wurde im Castillo ein kleines »Emigranten-Museum« eingerichtet. An Hand von Zeugnissen und grafischen Darstellungen, 112 Fotos, 37 Originalkarten, 20 Stichen und 600 Briefen wird das Schicksal jener 250 Familien aufgezeigt, die ungefähr um 1880 wegen einer Dürrekatastrophe und Hungersnot nach Kuba, Venezuela, Florida und Argentinien ausgewandert sind.

Der Vulkanberg erhebt sich 435 m über den Meeresspiegel und die Burg liegt 135 m oberhalb von Teguise. Von hier oben hat man einen schönen Panoramablick bis hin nach Arrecife und nach Graciosa. *Di–So 10 bis 15 Uhr, Eintritt 300 Ptas*

Convento de San Francisco
Weißgetünchter Kirchenbau, der wegen seiner Holzsäulen und der holzgeschnittenen Kassettendecke über dem Hauptaltar Beachtung verdient. Die 1588 bis 1590 errichtete Franziskanerkirche wurde 1618 von algerischen Piraten zerstört, anschließend im andalusischen Mudéjar-Stil wieder aufgebaut. Bemerkenswert die prachtvolle Holztür. Der Bau wird für repräsentative Auftritte der Inselregierung genutzt. Die Statue des hl. Franz von Assisi soll aus Genua stammen. *Plaza de San Francisco*

Convento de Santo Domingo
Dominikanerkloster, 1726 gegründet. Während der Renovierung wurden etwa hundert Skelette von Einwohnern gefunden. *Plaza General Franco*

Marqués de Herrera y Rojas
Herrschaftlicher, großzügig gestalteter Profanbau der noch einflußreichen Familie; er geht auf das 15. Jahrhundert zurück. Das Gebäude beeindruckt durch seine klassisch klar gegliederte Fassade mit den drei ornamentreichen Fenstern und dem phantasievoll verzierten Holzportal. Der Stadtpalast der Herreras ist ein kulturelles Zentrum mit Bibliothek, Lesezimmer und Videothek. *Mo–Sa 10–13 Uhr, Tel. 84 53 73, Calle José Betancourt*

Palacio Spinola
Dieser Stadtpalast wurde für den genuesischen Kaufmann Spinola erbaut. Heute ist er »Sede de la Presidencia del Gobierno de Canarias«, Präsidentensitz. Den schlichten Bau mit wuchtiger Kassettentür und eindrucksvoll gestalteten Fenstern erwarb 1974 der Rio Tinto Konzern und ließ ihn in zweijähriger Arbeit renovieren. 1984 kaufte die Stadt Teguise das prächtige Anwesen für 45 Millionen Peseten. Die Stadt benutzt das Gebäude jetzt für repräsentative und kulturelle Angelegenheiten. *Mo–Sa 9 bis 14 Uhr, Mi geschl., Eintritt 300 Ptas, Plaza de la Constitución*

San Miguel
Diese Kirche heißt richtig Nuestra Señora de Guadalupe und wurde mehrmals umgebaut und renoviert. Von der ursprünglichen Bischofskirche ist nur noch der quadratische Grundriß des typischen Turmes geblieben. Im Jahre 1428 wurde der Grundstein zur dreischiffigen Kathedrale gelegt. Beachtung verdienen der Hochaltar und die in den Seitenaltären aufgestellten lebensgroßen Heiligenfiguren mit den traurigen Blicken. *Plaza de la Constitución*

RESTAURANTS

Acatife
Lohnt nur wegen des Ambientes. Di–Sa 12–16 und 19–23 Uhr, San Miguel, 4, Tel. 84 50 37, Kategorie 2

Casa Cristobal
Eine gute Adresse mit hoher Reputation. Kenner behaupten, es sei das beste Restaurant der Insel. Exzellente Rohmaterialien für Fisch und Fleischgerichte, beste kanarische Hausmannskost. Die Einheimischen versammeln sich hier zum mehrgängi-

gen Festschmaus. Das Lokal wird von dem Teguiser Cristóbal M. Ventura geführt. Aufmerksamer und persönlicher Service. Austern und Muscheln werden frisch aus Galizien eingeflogen. Der frische Fisch kommt von Graciosa. Unbedingt probieren: Carpaccio. Große Weinauswahl, viele Spitzenweine aus Rioja. Whiskyliebhaber kommen zu ihrem Recht, sie können aus 150 Sorten wählen. *Tgl. außer Di 11–15 und 19 bis 23.30 Uhr, Los Morros (Straße nach Arrecife), Tel. 84 52 95, Kategorie 2*

La Cantina

✝ Stadtbekanntes Restaurant, auch bei jungen Leuten populär. In den geschmackvoll eingerichteten Räumen des 300 Jahre alten Palacio (mit Patio) schmeckt die köstlich deftige Kost, vom Teguiser Manuel zubereitet. *Di bis So 12–16.30 und 19.30–23.30 Uhr, Calle León y Castillo, 8, Tel. 84 51 09, Kategorie 1*

La Depensa

In der ehemaligen Speisekammer des Acatife führt La Ita ein Café mit selbstgebackenem Kuchen, Sandwiches und Bierausschank. *Tgl. ab 10 Uhr, Plaza San Miguel (gegenüber der Kirche)*

ZIELE IN DER UMGEBUNG

Caleta de Famara **(D 3)**

Bekannt ist das Dorf wegen des gleichnamigen Bergmassivs, vor allem aber wegen seines langen Strandes. Von Wind und Wasser, Ebbe und Flut abhängig, zeigt er sich einmal angefüllt mit Tang und Kieseln, und ein anderes Mal flirrt der weiße Sand so stark, daß die Augen schmerzen. Wegen der starken Strömung ist Schwimmen gefährlich; herrlich hingegen ist es, in den Wellenbergen zu planschen. Windsurfer kommen gerne. Hinter dem Küstenstreifen liegt die Urbanisation von Famara; diese erste Feriensiedlung ist eine norwegische Gründung. Da das Gebiet heute unter Naturschutz steht, darf inzwischen nicht mehr gebaut werden.

Das Fischerdorf mit etwa 95 Einwohnern verdankt seine Gründung dem Bauern Gregorio Tavío aus dem benachbarten Soo. Das war 1872. Es gibt mehrere Restaurants und Bars. Die simple Kneipe *Bar Sol* steht schon seit zwanzig Jahren, Wirt Jaime weiß, was erwartet wird: Sonne, Sand, Bier *(tgl.)*. Nach der Renovierung im Sommer 1995 strahlt hier alles »touristenfreundlich«. *Garcia* ist ein beliebtes Ausflugslokal. Sehr delikat der gebackene Fisch *à la plancha (tgl. ab 11 Uhr, Kategorie 2)*. *El Risco* ist ein beliebtes Lokal, direkt am Meer gelegen. Sehr schmackhaft hier: Lenguado mit Kapern und Avocados. Man sitzt hier angenehm und ruhig. *(tgl. 12–22 Uhr, Tel. 36 63 97, Kategorie 1)*.

Oberhalb von Teguise, auf der höchsten Erhebung der Insel, liegt in 648 m Höhe die *Ermita de las Nieves* (**D 4**). Die weiß gekalkte Kapelle war ein populäres Wallfahrtsziel. Vom windigen Plateau hat man eine wunderschöne Weitsicht über die Bucht von Famara, hinüber nach Graciosa, hin zu den Feuerbergen. An besonders klaren Tagen kann man auch den 3718 m hohen Vulkankegel *Pico de Teide* auf Teneriffa erkennen – Spaniens höchsten Berg.

Weinberge in schwarzer Erde

Eine karge Landschaft, weiße Dörfer, helle Badestrände und ein buntes Leben

Das Herz von Lanzarote liegt rund um das große Malpaís, schlechtes Land, trotz seiner Weinstöcke und Feigenbüsche. Die hohen Lagen und die kurzen Schluchten werden landwirtschaftlich genutzt. Mühsam und kostspielig sind Aufbau und Instandhaltung der Trichter, in denen die winzigen Trauben mit dem hohen Zuckergehalt in der Sonne heranreifen. Wein von den Kanaren war in Europa bereits im 16. Jahrhundert bekannt, da die Engländer den schweren Dessertwein schon von Teneriffa bezogen haben.

Auf Lanzarote wurde der Malvasia-Wein erst nach den großen Vulkaneruptionen der Jahre 1730–1736 angebaut. Nur auf dieser Insel wachsen die Weinstöcke in den trichterförmigen Vertiefungen, gewässert durch die auf dem Humus liegenden *lapilli* (Lavasplitter). Das ist eine Anbaumethode, von der nicht bekannt ist, daß sie vor den Eruptionen angewendet wurde.

Weinreben im Trockenfeldbau in der Nähe von La Geria

Trotz der vulkanischen Katastrophen ist die Besiedlung in dieser Region relativ dicht, sieht man in diesem Kernland zahlreiche Dörfer, Weiler und Ortschaften. Eine üppige Vegetation, die zum Teil malerische Lage der Orte wie Tias oder San Bartolomé auf Vulkankuppen oder Terrassen über dem Meer haben hier schon früh ein beliebtes Feriengebiet entstehen lassen. Die grünen Weinbüsche inmitten der sich unendlich ausdehnenden Lava- und Schlackenfelder begeistern jeden Besucher. Kilometerlang fährt man zwischen Uga, La Geria und Masdache durch das große Malpaís, das schlechte Land, nur um zu entdecken, daß auf den *picón* oder Lapilli-Feldern nicht nur Weinstöcke grünen, sondern auch Feigen-, Aprikosen-, Orangen- und Apfelbäume.

Selten sehen Sie hier Menschen. Entdeckt man einmal Einheimische bei der Feldarbeit, fällt auf, wie gut sie sich gegen die Sonne schützen. Die verheirateten Frauen tragen große Strohhüte, die Mädchen helle Hauben, die noch wirkungsvoller schützen, denn je heller die Gesichtsfarbe, um so vornehmer und schöner glaubt man sich.

In der bizarren Karstlandschaft, wie sie in dieser Größe nirgendwo auf den Kanaren vorkommt, kann es beunruhigend still sein; nur hin und wieder wird die Stille durch das Kläffen eines Hundes aus der Ferne unterbrochen. Und wenn Sie schon einmal den Weg hierher gefunden haben, sollten Sie zuweilen anhalten, um die Stille der Landschaft zu erfahren. In den Lüften erkennen Sie dann vielleicht einen der seltenen Falken.

Abgesehen von dem populären Puerto del Carmen ist die Region in ihrer großen landschaftlichen Vielfalt wenig bekannt. Aber die Umgebung bietet unendlich viele Möglichkeiten für Entdeckungen. Da gibt es etwa das Malpaís de Tizalaya, das sich zwischen Masdache und dem winzigen Dorf La Vegeta erstreckt. Inmitten dieses großen Lava- und Schlackenfeldes findet man einen gewaltigen Hohlraum, die »Höhle der Naturforscher« genannt. Auf der Sohlenmitte kann man noch einen erstarrten Lavafluß entdecken, von

MARCO POLO TIPS FÜR DAS HERZ VON LANZAROTE

1 Avenida de las Playas
Flanieren, gucken und faulenzen an der schönen Promenade von Puerto del Carmen, am romantischen Strand unter Palmen (Seite 61)

2 Escuela/Fondeadero
Am Hafen und den Hügel hinauf wurde dieses einladende kulturelle Zentrum gebaut. Das Restaurant Escuela zählt zu den besten der Insel (Seite 61 und 62)

3 Masdache
Das Wechselspiel von schwarzer Lava und grünen Weinstöcken ist links und rechts der Straße nach La Geria einmalig. In den Bodegas kann Wein probiert werden (Seite 67)

4 Mozaga
An der Kreuzung weist das umstrittene Denkmal von Manrique auf den ehemaligen Gutshof. Reizvoller Weg durch die Weinlandschaft (Seite 68)

5 Puerto Calero
Ein regelrecht in die Küste gesprengter Yachthafen mit gediegenen Landhäusern (Seite 69)

6 Soo
Die Kirche des Bauerndorfes ist das Ziel vieler Fotografen. Hinreißender Ausblick auf das dunkle Bergmassiv von Famara (Seite 70)

7 Tiagua
Bauernmuseum »Agricola El Patio« mit historischer Dromedarmühle (Seite 71)

der Decke hängen wunderschöne lange Stalaktiten herab, bis zu 25 cm lang. Dann gibt es Lavatropfen, nur sechs bis acht cm hoch und bis zu vier cm dick. Solche Naturschönheiten finden Sie zahlreich in diesem Stück von Lanzarote.

In der Caldera de Gaida steht eine vulkanische Bombe, weithin sichtbar. An ihr läßt sich noch erkennen, wie sich das Leben nach den Vulkaneruptionen langsam entwickelte. Auf der Bombe sieht man, wie Algen und Pilze als Flechten zusammenleben. Das gesamte Gebiet steht wegen der Flechten, die nur in reiner Luft leben können, unter Naturschutz. Zwischen all den Lavabrocken findet man auch zahlreiche *Olivin*steine, die sich in dem feurigen Magma kristallisiert haben. Diese Olivinsteine sind winzig, daher können sie nicht zu Schmuck verarbeitet werden.

PUERTO DEL CARMEN

(**D–E 11**) Die beiden wichtigsten Strände von Puerto del Carmen sind *Playa de los Pocillos* und *Playa Blanca*. Entlang dieser hellen Strände entstand in wenigen Jahren die bekannteste Touristensiedlung von Lanzarote. *La Tinosa*, die Grindige, wie der Ort vor seinem Ausbau hieß, hat noch ein kleines altes Zentrum: die Gassen rund um den Hafen. Nach dem letzten Bebauungsplan sollen hier bis zur Jahrtausendwende 35 000 Betten in exklusiven Hotels und Apartmentanlagen angeboten werden. Trotz der gewaltigen Ausmaße strahlt das frühere Fischerdorf noch einen gewissen Reiz aus.

Der Ort, der zur Municipio Tias gehört, verfügt über eine perfekte Ferieninfrastruktur. Zum großen Teil ist dies der flachgeschossigen Bauweise der ausgedehnten Bungalowsiedlungen zu danken, die sich hinter der Avenida de las Playas den Hügel entlangziehen. Die Anlagen sind umgeben von üppigen Grünanlagen und verfügen oft über Gärten mit Swimmingpool.

Eine neue Umgehungsstraße entlastet den Ortskern und verführt vor allem auf der Promenade ★ *Avenida de las Playas* bei Fariones zu den herrlichsten Spaziergängen. Die wohl schönste Fußgängerzone von Lanzarote ist breit. Hier sitzt man oder flaniert und zeigt sich und trifft auf alle Schichten und hört viele Sprachen. Da blühen violett die Bougainvillea, der rote Hibiskus und die wilden rosaroten Geranien. Unter Palmen am Strand kann man sich langstrecken, und an Wochenenden treffen sich die Lanzaroteños zum Picknick.

Im alten Ortsteil stehen noch wenige alte Häuser, die regelmäßig weiß gekalkt werden. Fischerboote liegen am Ufer, Segelboote dümpeln im Wasser, auf den Terrassen sitzen Touristen beim Kaffee oder Bier und schauen den spanischen Männern beim Boulespiel zu. Am Hang erhebt sich das örtliche Kulturzentrum ★ *Fondeadero*, Treppen führen durch das architektonisch klar gegliederte Zentrum, in dem es eine Markthalle, eine *Bodega* (eine Weinschenke) und ein erstklassiges Restaurant gibt. Ein Walfisch taucht im Innenhof aus den Fliesen empor. Ein Ambiente wie man es so nirgendwo auf Lanzarote findet und wo einer ausgelassenen Wein- und Bierseligkeit keine Chance eingeräumt wird.

☆ Mit dem Einbruch der Dunkelheit finden sich am Hafen junge Lanzaroteños ein, um zu flirten und sich zu vergnügen. Urlauber und Einheimische bummeln herum, sitzen auf den Terrassen, trinken Wein, Bier oder Melonensaft.

RESTAURANTS

Das ehemalige Fischerdorf zählt ca. 220 Restaurants und Tavernen. Das Angebot der spanischen, englischen, deutschen oder italienischen Lokale ist fast ausschließlich auf die Bedürfnisse der Touristen zugeschnitten. Viele legen keinen Wert auf eine elegante Einrichtung, dafür sind die Fischgerichte gut, andere geben sich fein, dafür aber enttäuscht ihr Essen; wieder andere, etwa das *Café Journal*, sind wegen ihrer hektischen Stimmung bekannt.

Bei der Auswahl sollten Sie jene meiden, die auf der Straße hartnäckig werben, die zur Portion Paella einen Liter Sangria spendieren oder die einfach leer sind. Kreditkarten werden fast überall akzeptiert. Viele Restaurants wechseln häufig Namen und Eigentümer.

El Ancla

Gemütliche, urige Taverne, in der vor allem am Abend Stimmung ist. Terrasse an der Boulebahn. *Tgl. außer So ab 18 Uhr, Am Hafen, Kategorie 2*

Asturias

Spanische Fischgerichte, der Hauswein schmeckt recht dünn. *Tgl. 12–24 Uhr, Roque Nublo, Tel. 82 59 43, Kategorie 2*

Café Christina

Wer einmal Lust auf Kuchen oder Schwarzwälder Schinken hat: Seit 1981 besteht das Traditionshaus und wird gerne besucht. Bekannt für sein Frühstück. *Tgl. 9–24 Uhr, Centro Atlantico, 61–62, I. Stock, Tel. 51 26 61, Kategorie 2–3*

La Casa Roja

Ambitionierte Gourmetküche mit recht unterschiedlichen Ergebnissen. Die hohen Räume werden von einer Holzdecke geschmückt. Schöne Terrasse mit Blick auf den Hafen. *Tgl. 13–23 Uhr, Plaza del Varadero, 22, Tel. 82 65 15, Kategorie 1*

Chu Lin

Chinesisches Restaurant; take away - Mitnehmservice. *Tgl. ab 12 Uhr, C/C La Penita, Tel. 51 02 23*

Diana

Im Zentrum des Dorfes hat sich Chef Ginés auf Fisch spezialisiert, Fischsuppe, Riesengarnelen, Muscheln. *Tgl. 11–24 Uhr, Calle Roque Nublo 12, Kategorie 2*

Escuela/Fondeadero

★ Das ist eines der besten Restaurants; es liegt in der Anlage Fondeadero, »Ankerplatz«, und ist ein elegantes Lokal mit hoher Reputation.

Junge Talente mit sicherem Gespür für Experimente kommen hier zum Zuge. Alles ist hier formvollendet: kein Wunder, handelt es sich doch um eine Schule (Escuela) für angehende Fachleute in der kanarischen Gastronomie. *Tgl. außer So 12–15 und 19–23 Uhr, Centro Civico,*

Sonnenschirme in Reih und Glied, am Strand von Puerto del Carmen

Plaza del Varadero, Tel. 51 14 65, Kategorie 1

Farmhouse Tavern
Zum englischen Roastbeef gibt es Live-Musik gratis. *Tgl. ab 18 Uhr, Avda. Las Playas (gegenüber dem Aquarium Einkaufszentrum), Kategorie 2–3*

Los Marineros
Einst trafen sich hier die Fischer, heute ist es ein Treffpunkt für Fischliebhaber. *Tgl. Plaza El Varadero, 14, Tel. 51 08 75, tgl. 11–23 Uhr, Kategorie 2*

La Sardina
Showprogramm zum argentinischen Steak. Ein Tip für alle, die Hunger nach Trubel verspüren. *Mo–Sa 11–16 und 19–3 Uhr, Show ab 20 Uhr, Tel. 51 00 23. (Eine Reservierung ist von Vorteil), Montana Tropical, Kategorie 1–2*

El Tomate
Wohl das beste deutsche Restaurant. Solide Zubereitung. Fisch- und Fleischgerichte, Tomatensuppe. Etwas eng, aber stimmungsvoll. *Di–So ab 17 Uhr, Calle Jameos (Centro Olivin), Kategorie 1*

El Varadero
Herrlich traditionelles Haus, allerdings ohne komplizierte kulinarische Höhenflüge. Tagsüber gibt es auch Tapas. Am Abend ist der hohe Raum im hundert Jahre alten Gebäude erfüllt von klassischer Musik. *Mi bis Mo 12–24 Uhr, Plaza del Varadero, 34, Tel. 82 57 11 (Reservierung vorteilhaft), Kategorie 1–2*

Indian Tandoori
Eines von sechs gut besuchten indischen Lokalen. Gemütliche Atmosphäre, aufmerksamer und persönlicher Service sind die großen Pluspunkte. Spezialität ist die feine indische Küche (nicht scharf). Zu empfehlen, wenn es auch mal etwas anderes sein darf als Fisch aus der Pfanne oder Bratwurst. *Tgl. 18–23 Uhr, Avda. de las Playas, 47, Tel. 51 03 89, Kategorie 2*

EINKAUFEN

Die meisten Geschäfte befinden sich zwischen der Calle Pedro Barba und Calle Timanfaya an der Avda. de las Playas. Die Einkaufszentren nennen sich Centro Comercial (C/C) und stehen zwischen Costa Mar an der Playa de los Pocillos und El Fondeodero am Hafen. In diesen Zentren gibt es Supermärkte, Boutiquen, Autovermieter, außerdem Bars, Cafés, Restaurants und sogenannte *recreativos*, Spielhallen. Es gibt keinen Markt.

Die Angebote der Geschäfte ähneln sich, aus diesem Grund sind Preisvergleiche durchaus sinnvoll. Im Gegensatz zur Costa Teguise oder Playa Blanca ist Puerto del Carmen ein richtiges Shoppingcenter.

Alboroto
Geschmackvolle Sommermode und Modisches, Nützliches für Sonne und Strand. *Calle Roque Nublo, 10*

Banana-Connection
Knallbunte und lustige Holzschnitzereien in vielen Versionen und fast allen Preislagen. *Avda. de las Playas (neben dem TUI-Büro)*

Benetton
Internationale Modekette; das Personal findet jeden Besucher lästig. *Calle Juan Carlos I, 8*

Bottega Italia
Ausgefallene und total verrückte Schuhmode, Sommerkleider, Gold und Glitter und sündhaft teuer. *Avda. de las Playas, 49*

Ceramics Centre
Keramikschmuck, Fliesen und Schornsteine. Auch als Souvenir. *Calle Roque Nublo*

Floristeria Canarias
Pflanzen, zahlreiche Samen und Setzlinge von exotischer Abstammung. Drachenbaumsamen kostet 150 Ptas. *Avda. de las Playas, 111*

Galería Lápiz Lázuli
Historische Fotos von Lanzarote und den Kanaren, auch Souvenirs. *Calle Tenerifa, 12, Mo–Fr 19 bis 21 Uhr*

Lida's
Ausgefallene Mode, originelle T-Shirts, geschmackvoll entworfene Taschen, Schuhe und andere Accessoires. *Avda. de las Playas*

Olivin
Die rührige Goldschmiedin Marlis Schumacher entwirft selber die meisten Schmuckstücke, wunderschöne Silberarbeiten und schönen Olivinschmuck (aus größeren importierten Steinen). Der Schmuckladen zählt zu den ältesten und bekanntesten Geschäften hier. *Avda. de las Playas, neben der Bar El Barito*

HOTELS

El Dorado
Schöne Apartmentanlage in zentraler Lage. Das weite und flachgeschossige, inmitten von sehr viel Grün gelegene Apartmentdorf gilt als kinderfreundlich. Nichtraucherapartments. Sportanlage mit Tennisplatz. *81 Zi., Calle La Graciosa, Tel. 51 08 47, Kategorie 2*

Fariones Playa
Von außen macht der graue Bau einen abweisenden Eindruck, aber hinter seinen Betonmauern verbergen sich großzügige und helle Zimmer. Der immer noch heftig umstrittene Bau lockt mit moderner, zweckmäßiger Aus-

stattung, mit Swimmingpool und Garten. Das Aparthotel, 231 Zi., grenzt an den Strand von Playa Blanca. *Calle Acatife, Tel. 51 01 75, Fax 51 02 02, Luxuskategorie*

La Geria
Direkt am breiten Strand von Los Pocillos. Die 250 Zimmer sind geräumig, TV und Bad gehören zur Grundausstattung. *Playa de los Pocillos, Tel. 51 19 08, Fax 51 19 18, Kategorie 2*

Riu Palace
Komforthotel direkt am weiten Strand von Los Pocillos. Die geräumigen Zimmer, zum großen Teil mit Meerblick, verfügen über Bad, TV, Klimaanlage, Balkon. Allabendlich wird ein außerordentlich vielseitiges und wohlschmeckendes Buffet serviert. Spezialität: Es wird jeden Abend ein kanarisches Gericht angeboten – Merluza, Thunfisch, Sardinen, köstliche Suppen und Mojo-Soße. Zuvorkommender Zimmer- und Restaurantservice. Kinderfreundliche Anlage. *235 Zi., Calle Suiza, Tel. 51 24 01, Fax 82 55 98, Kategorie 1*

Los Fariones
Mehrstöckiges und modernes Zweckgebäude, das nicht verbergen kann, daß es 1964 erbaut worden ist. Das Traditionshotel macht zwar einen etwas abgewohnten Eindruck, aber das Personal ist zuvorkommend. Schön noch immer der tropische Garten am Meer, zwischen den Klippen liegt ein wenig Sand. Viele der 242 Zimmer sind renoviert mit Blick zum Garten. *Roque del Este, Tel. 51 01 75, Fax 51 02 02, Kategorie 1*

Residencia Magec
Beliebte kleine Anlage, im alten Zentrum am Hafen. Fast familiäre Atmosphäre. *Calle Hierro, Tel. 82 64 47, Kategorie 2*

San Antonio
Klimatisiertes Großhotel, die Atmosphäre ist ein wenig altmodisch. Das 1974 erbaute Hotel lockt mit subtropischen Gärten. Die Küche des Restaurants *La Gaviota* ist großen Schwankungen unterworfen. Das Personal gibt sich sehr zurückhaltend. Diskothek *Beach Club*, Animationsprogramm. *Bushaltestelle vor dem*

Salzgewinnung – die Salinen bei Puerto del Carmen

Haus. Avda. de las Playas, Tel. 51 17 57, Fax 51 02 72, Kategorie 1

AM ABEND

Vergnügungszentren für den frühen und fortgeschrittenen Abend sind die Promenade Playa de las Playas und die Gassen am Hafen. Empfehlenswert für spätabendliche Vergnügungstouren ist das von Jugendlichen favorisierte *Centro Atlantico*. Die meisten Hotels bieten am Abend eigene Unterhaltungsshows, zu denen auch Nicht-Hotelgäste Zutritt haben.

Vor Mitternacht ist alles noch recht entspannt. Doch dann kommt Stimmung auf. Außer im Atlantico findet man in der *Avenida de los Pocillos* und im *Centrum Columbus* weitere Bars.

Abendunterhaltung wird ebenfalls im *La Sardina, Calle Toscan*, geboten.

Bourbon Street

Für Nachtschwärmer, ab 22 Uhr. Nostalgische Musik der 60er und 70er Jahre, hin und wieder tritt eine Schottenkapelle auf. *Tgl. 18.30 bis 2 Uhr, Centro Roque Nublo*

Centro Atlantico

Mit Bars und Kneipen reich gesegnet. Treffpunkt der Jugend, hier spielt sich das nächtliche Ausgangsleben von Puerto del Carmen ab. Es ist die Kontaktstelle einheimischer Buben und nordischer Mädels. Die Bars heißen: *Waikiki, Pacha, Joker* (9.30 bis 3 Uhr), der irische Pub *The Auld Triangle, Long Play,* die Tapa- und Disko-Bar *La Marcha*, das *Rock Café* und die *Cocktail-Bar, El 32 C/C Atlantico*

Maximillians

Eine Alternative zum Atlantico, es geht hier etwas ruhiger zu. Sanfte Klaviertöne und klappernde Kastagnetten. *Tgl. ab 19 Uhr, Avda. de las Playas (gegenüber Fariones Playa)*

Montana Tropical

Ein kaltes Buffet, und eine Combo spielt dazu. Gemütlich, gediegen, und alles bleibt auf jeden Fall im Rahmen. Es gibt eine Tanzfläche. *Di–Sa 20–24 Uhr, Calle Toscan (im alten Dorf), Tel. 51 17 22*

Tiffany's

Neben spanischer Musik auch Oldies und Technosound. *Avda. de los Pocillos*

AUSKUNFT

Oficina de Información Cultural

Tel. 51 25 75; Auskunfts-Kiosk, neben dem Restaurant Playa Mar, Mo bis Fr 10 bis 14 und 16–19, Sa 10 bis 14 Uhr

BUS

Centro Fariones, *an der Avda. de Las Palmas* (etwa alle 500 Meter, erkennbar an einem Halteverbotsschild mit P), *Hotel San Antonio; Fahrpreis nach Arrecife 140 Ptas (einfache Fahrt), Mo–Fr (nach Arrecife): 7.20, 8.00, 8.30, 9.00, 9.30, 10.00 (alle halbe Stunde bis 13.30), dann 14.30, 15.30, 16.30, 17.00, 18.00, 18.30, 19.00, 19.15, 21.00, 23.15 Uhr*

NÜTZLICHE ADRESSEN

Apotheken (Farmacias)
C/C Bajamar, 19, Tel. 82 57 31; Avda. de las Playas, Tel. 82 53 98

Medizinische Hilfe (Clínica)
Britisch-Skandinavische Klinik, Avda. de las Playas, 10, Tel. 82 62 27 und 82 65 35
Clínica Dr. Marin, Avda. de las Playas, 5, Tel. 51 03 70
Clínica Dr. Mager (deutscher Arzt, Zahnarzt und Apotheke), Avda. de Las Playas, 5, Tel. 51 03 70

Notruf
Krankenwagen Tel. 81 50 55; Rotes Kreuz Tel. 81 22 22; Guardia Civil Tel. 82 52 36/66; Policia Municipal Tel. 82 53 01

Postamt
Am Kreisverkehr, Juan Carlos I., Mo–Fr 8–15, Sa 9–13 Uhr

Taxi (Parada de taxi)
Tel. 82 50 34 (Hotel Fariones); Tel. 82 50 35 (San Antonio); Tel. 51 11 56 (Calle Atlantico); Tel. 82 50 38 (Calle Roque Nublo, im Dorf). Fahrpreise: Arrecife 1800 Ptas; Flughafen (Aeroporto) 1300 Ptas; Playa Blanca 3500 Ptas; nach Jameos del Agua 4500 Ptas

ZIELE IN DER UMGEBUNG

Mancha Blanca **(D 8)**
Ungefähr 6 km nordöstlich vom Nationalpark liegt in fruchtbarer Landschaft der Weiler Mancha Blanca. Am Rande des Dorfes steht die *Ermita de los Dolores*. Zu Ehren der schwarzen Madonna wurde die Dorfkirche erbaut. Die letzten Vulkanausbrüche begannen am 31. Juli 1824 zwischen Tao und Tinajo; der Lavastrom wälzte sich bis an die Ortsgrenze. Die Bewohner beteten zur Madonna um Schutz und Hilfe. Ihre Bitten wurden erhört, der Ort blieb verschont. Zum Dank wurde jene Kirche, die übersetzt »Jungfrau der Schmerzen« heißt, erbaut. Die weißen Häuser des Dorfes stehen weit auseinander wie in einer Gartenlandschaft. Am Dorfplatz finden Sie ein Restaurant; es hat nur wenig Auswahl, ist absolut ruhig.

Masdache **(D 9)**
★ Ein lohnender Ausflug ist ein Abstecher in das rund um Masdache gelegene Anbaugebiet des Lanzaroteweines. Die Zentren des Weinbaus sind *Masdache, La Geria* und *El Islote*. Auf dem Weingut *La Geria* lädt der Besitzer Antonio Suarez Cabrera zur Weinprobe. Zu relativ zivilen Preisen (Flasche ab 600 Ptas) kann man hier Malvasierwein kaufen. Es wird versichert, daß der Wein nicht in den Supermärkten angeboten und daß er nicht (!) mit billigem Festlandswein verschnitten wird. Auch eine Besichtigung der Bodega El Campensino von Angel Barreto in Masdache ist möglich. Die Bodega wird offiziell von dem alten Barreto geleitet, aber andere geschäftstüchtige Familienmitglieder haben längst das Sagen. Ein weiteres Weinhaus ist El Grifo, seit 1995 mit Weinmuseum (Mo–Fr 9–13.30, 16–19 Uhr). Die Weine dieses leistungsstarken Gutes werden in Supermärkten verkauft und beinahe alle Restaurants haben El Grifo auf der Karte. Die Weinlandschaft rund um *Masdache* ist ein Beispiel für die Trockenbaukultur. Die Enarenado-Kultur wurde vom Museum of Modern Art in New York als »Gesamtkunstwerk« ausgezeichnet. Die gesamte Landschaft zwischen El Islote und Uga ist mit Weinstöcken bepflanzt. Hin und wieder

sieht man auch große und grüne Feigenbüsche. Die Pflanzen reifen in Gruben, die sie vor Wind und Sonne schützen. Die Enarenado-Kultur hilft, den Rebstöcken den Tau der Nacht zuzuführen, und verhindert ein Austrocknen des Bodens.

An der Straße zwischen Mozaga und El Islote steht ein schöner Drachenbaum, *drago*, in der Siedlung *Casas de las Florida*. Das Dorf mit seinen schneeweißen Häusern ist ein herrlicher Platz zum Rasten. Von vielen Punkten haben Sie einen schönen Blick über die Häuser, auf die Berge. Zahlreiche Ausländer haben sich hier in den letzten Jahren ein Häuschen gekauft oder gemietet.

Das »Monumento al Campesino«

Mozaga (E 9)

★ Das Weindorf Mozaga befindet sich sozusagen im Kreuzpunkt der Insel. An der Straßenkreuzung fällt vor allem das weiß getünchte, umstrittene Denkmal »Monumento del Campesino« von César Manrique auf. Die rund 15 m hohe Skulptur, hergestellt aus Wassertonnen abgewrackter Schiffe, wurde zu Ehren des Bauern, des Campesino, errichtet. Sie wird auch »Monument der Fruchtbarkeit« genannt. Wesentlich sehenswerter ist das *Casa Museo al Campesino*. Ein ehemaliger Bauernhof wurde vor Jahren aufwendig renoviert und beherbergt mittlerweile einen Souvenirladen und ein empfehlenswertes *Restaurant*. Das Museum will auch Mahnung sein und auf die Probleme aufmerksam machen. Rasch geht die landwirtschaftlich genutzte Fläche zurück, werden immer mehr Felder nicht bebaut, lösen sich die Lanzaroteños von ihrer kulturellen Tradition und kennen außer dem Streben nach Konsum keine Werte mehr *(tgl. 12.30–16.30 Uhr, Tel. 52 01 36, Kategorie 2)*. Im Ort haben einige Bodegas unregelmäßig geöffnet. Es sind Treffpunkte der Alten, die auf jeden Fremden neugierig und interessiert reagieren.

An der Straße zwischen Mozaga und Teguise befindet sich das neue landwirtschaftliche Zentrum »Complejo Agro-Industrial«. In dem angeschlossenen Restaurant gibt es kanarische Spezialitäten *(9–13 Uhr)*.

Playa Quemada (C 11)

Eine ausgebaute Stichstraße führt zur Ansiedlung Quemada. Um die winzigen Fischerhäuser an dem steinigen Strand haben sich in den letzten Jahren zahlreiche Ausländer, vor allem aber Deutsche, ihre Villen gebaut. Schilder mit der Aufschrift *privado* und kläffende Hunde sollen die Fremden auf Distanz halten. An der mit Felsbrocken übersäten Küste nach rechts kann man noch einige ruhige Plätze für ein Picknick finden. Die gegen das offene Meer abgeschirmten Felsbuchten mit dem flach abfallenden Wasser bestehen aus Feinkies und Felsen. Im Dorf befinden sich zwei einfache Restaurants, deren Qualität identisch ist: *7 Islas* und *La Casita*

Puerto Calero **(D 11)**

★ Der Stararchitekt der Insel, Luis Ibánes Marglef, hat die Pläne zu diesem neuen Yachthafen entworfen. Die Anlage, die als die schönste der Kanaren gilt, macht noch einen ziemlich verwaisten Eindruck, da die Geschäfte und Bars leer sind. *Tgl. außer Mo, am Hafen, Tel. 51 00 15, Kategorie 2*

San Bartolomé **(E 11)**

Der Ort hat in den letzten Jahren ein wahres Wirtschaftswunder erlebt. Rund um den alten Kern werden und wurden neue Häuser gebaut. Die wohlhabenden Bewohner, die längst ihre Esel und Dromedare gegen japanische Geländewagen eingetauscht haben, haben das Geld, das der Tourismus auf die Insel gebracht hat, gut angelegt. Mittelpunkt der rund 5500 Einwohner zählenden Gemeinde ist der Platz vor der weiß getünchten Kirche.

Fünf Folkloregruppen kommen aus San Bartolomé, und alle haben sie gut in den Urbanisationen zu tun. Das Kulturzentrum »Casa Ajei« (tgl. 17–22 Uhr) mit seinem großen Patio und einem prachtvollen Holzbalkon wurde nach einem Brand von der Gemeinde San Bartolomé erworben, die es im Originalstil wieder aufbauen ließ. Heute werden hier Konzerte und Folkloredarbietungen gegeben.

In Handarbeit flechten Frauen die bekannten Strohhüte, um sich mit dieser Arbeit einige Peseten dazu zu verdienen.

Unterhalb des Ortes, in Richtung Tahiche, liegt der ehemalige *Palast des Zonzamas*, **(E 10)** Palacio del Zonzamas. Archäologen haben einen Teil des Palastes des altkanarischen Herrschers Zonzamas ausgegraben. Vom Fels wurde ein Monolith, der »Spiralenstein«, abgetrennt. Der Stein des Zonzamas ist heute Prunkstück des archäologischen Museums in Arrecife und gilt als Beispiel für die Megalithkultur auf Lanzarote. Zum Teil zeugen auf dem Plateau noch geringfügige Spuren von der antiken Siedlung. Mit viel Phantasie kann der unvoreingenommene Betrachter Reste der früheren Guanchenansiedlung, bestehend aus Wohn- und Vorratshöhlen, entdecken. Die Ausgrabungsstätte ist zum großen Teil abgedeckt und nicht zugänglich. Diese prähistorische Siedlung liegt innerhalb der Zone Caldera de Zonzamas. Sie befindet sich gegenüber einer großen Müllkippe.

La Santa **(D–E 7)**

Eine futuristisch anmutende Urbanisation der Insel. Wer heute diese kompakte Sportler-Siedlung an einer windigen Ecke Lanzarotes sieht, kann nicht glauben, daß dies einmal das spektakuläre Korruptions- und Spekulationsobjekt gewesen sein soll. Außer einigen naiven Anlegern haben Politiker und

Banken ihr Geld allerdings gerettet. Und heute steht La Santa nicht wegen Immobilienbetruges im Guinnessbuch der Rekorde, sondern weil hier 65 verschiedene Sportarten ausgeübt werden können. Ein zuverlässiger Kordon von Wachmannschaften verhindert, daß hier Unbefugte eindringen. Obwohl La Santa von César Manrique als Beispiel für »vulgäre Architektur« angeführt wird, ist die Ferienanlage sehr beliebt. Im einst armen Fischerdorf La Santa gibt es zwar eine Vielzahl einheimischer Restaurants. Wir haben mehrere ausprobiert, wurden aber stets enttäuscht.

Die meisten alten Steinhäuser sind renoviert und frisch gestrichen. Manche Einwohner wollen durch einen raschen Ausbau des Tourismus ihrem Dorf ein Wirtschaftswunder wie in Playa Blanca bescheren. Aber die kräftigen Winde, die die See aufwühlen, haben das bislang verhindert. Die so steinig wirkende Ebene ist in Wirklichkeit fruchtbar, nur finden sich immer weniger junge Leute, die als Bauern arbeiten wollen. Zahlreiche Äcker sind verlassen, zwischen den Häusern breitet sich Ödfläche aus, auf denen Disteln und Gräser gedeihen. Sehenswert an der steinigen Küste ist der kleine Schutzhafen für die Fischer von La Santa. An der Hafenbucht und an den unmittelbar benachbarten Buchten gibt es bei günstigen Windverhältnissen immerhin bescheidene Möglichkeiten zum Baden.

Soo **(E 7)**

★ Das Dorf liegt inmitten der fruchtbaren Gemüseregion von El Jable. Lange war das Bauerndorf unbeachtet. Aber nun wird gebaut. Die einst grauen Wände werden weiß getüncht; ein Kulturhaus gibt es inzwischen auch. Fotografen zieht es wegen des Hintergrunds hierher: die weiße Ermita San Juan vor dem dunklen Famaragebirge im Hintergrund. Von diesem Punkt aus hat man auch einen weiten Blick über das Flugsandgebiet El Jable. Der Wind hat über Jahrtausende feinen kalkhaltigen Sand in dieser Ebene abgelagert. Einst wurde der Boden mit von Dromedaren gezogenen Schaufeln umgewälzt, in die Furchen wurde gepflanzt; zum Schutz vor dem Wind wurden Bretter- oder Steinzäune gesetzt. Hin und wieder pflanzte man Gerste an die Ränder. Bekannt ist das Gebiet für den Anbau der bis zu 30 kg schweren Wassermelonen.

Schmackhaftes vom Land

Tomaten und Zwiebeln sind das Schmackhafteste, was die Landwirtschaft der Insel zu bieten hat. Man kann diese Feldfrüchte roh genießen oder als Selbstversorger auch in verfeinertem Zustand, etwa als eine Gazpacho: zwei Zwiebeln, drei Pfund Tomaten, zwei bis drei Gurken, Knoblauchzehen nach Geschmack, Olivenöl, Essig, Pfeffer und Meersalz. Alles wird klein geschnitten und gekocht. Dann im Kühlschrank abgekühlt, und fertig ist die erfrischende Sommersuppe.

Die weiße Ermita San Juan in Soo – mittlerweile fehlen die Bäume

Tiagua **(E 8)**

★ Im Gebiet von El Jable stehen zahlreiche Bauernhöfe und Windmühlen. In Tiagua befindet sich an der Straße nach Sóo eine der restaurierten Mühlen. Sie steht Touristen zur Besichtigung offen.

Biegt man von der Straße nach rechts ab, so gelangt man zum Museum *Villa Agricola El Patio*. Der Hof am Ende des Dorfes umfaßt 80 Hektar Land und besitzt acht Wasserzisternen, die insgesamt 12 Millionen Kubikmeter kostbares Regenwasser aufnehmen können: 30 Menschen, einschließlich Vieh, können fünf bis sechs Jahre davon leben. Rund um den Innenhof stehen die verschiedenen Gebäude, einschließlich Kapelle, Weinkeller und Dromedarmühle. Wichtigster Bau ist der Speicher: in dem *Almacen* wurden die Lebensmittel gelagert, hier fanden die Dorffeste statt. Sehenswert die Mühle und die Bilder aus der Vergangenheit. Der ehemalige Eigentümer, ein Arzt, hatte sie anstelle seines ausstehenden Honorars von 160 000 Peseten von der Besitzerin überschrieben bekommen. 1939 hatte während des Spanischen Bürgerkriegs ein Notar den Hof erworben. Nun ist aus dem ungewöhnlich gut erhaltenen Gutshof ein informatives Bauernmuseum gemacht worden.

Lohnend ist ein Spaziergang durch die Dorfgassen. *Mo–Fr 10–17.30 und Sa 10–14.30 Uhr. Eintritt 600 Ptas*

Die geschützten Montañas del Fuego

Im Land der Feuerberge riecht es noch immer nach Schwefel und Feuer

Kein Ton, kein noch so leiser Laut erreicht das Ohr. Am Rande des Malpaís, der »schlechten Erde«, singt kein Kanarienvogel, und auf den schwarzen Lavabrocken sonnt sich keine Eidechse. Am Straßenrand erinnert das Feuerteufelchen auf der Holztafel daran, daß dies der *Nationalpark Timanfaya* ist. Kein Besucher der Insel sollte sich einen Ausflug in diese grandiose und eindrucksvolle Vulkanlandschaft entgehen lassen.

Von dem weißen Dorf Yaiza führt eine dunkle Straße zu den Feuerbergen, deren Vulkane sich aus einer Schlackenlandschaft von beängstigender Trostlosigkeit erheben. Ein imposantes Bild: der 509 m hohe Montaña del Fuego, rechts davon Los Miraderos (509 m), der Pico Partido (517 m) und der Montaña Rodeos (458 m). Sie und die 25 bis 30 anderen Vulkane bilden das Land der Feuerberge, das zwischen den Jahren 1730 und 1736 entstanden ist.

Die grandiose Vulkanlandschaft des Nationalparks Timanfaya

Die Montañas del Fuego wurden 1974 zum achten der neun Nationalparks in Spanien erklärt. Auf den Kanarischen Inseln sind allein vier. Die drei weiteren sind die *Caldera de Taburiente* auf La Palma und die *Teide-Landschaft* auf Teneriffa, der *Parque Nacional de Garajonay* auf Gomera.

Der Parque Nacional de Timanfaya ist 5107 Hektar groß und reicht von der Ortsgrenze von Yaiza bis zum Montaña Timanfaya, und seine Nordwestgrenze ist die Küstenlinie. Diese Landschaft bildet das Zentrum vulkanischer Tätigkeit auf Lanzarote und ist zum großen Teil von einem Lavameer bedeckt, aus dem sich eine Vielzahl von Kegeln und Kratern erhebt. Die Erdkruste ist an manchen Stellen nicht dicker als zwei Meter. Darunter werden Temperaturen von 427 Grad gemessen – etwa am *Isolte de Hilario*. Westlich des Hauptkraters der Montaña del Fuego ist es in 27 Metern Tiefe schon 700 Grad heiß.

Als Augenzeuge einer Naturkatastrophe ungeahnten Ausmaßes hat der Pfarrer von Yaiza, An-

MARCO POLO TIPS FÜR DEN NATIONALPARK

1 Timanfaya
Eine Rundfahrt oder ein Ritt durch den Nationalpark gehören zum Muß eines Aufenthaltes auf Lanzarote (Seite 75)

2 Wanderung durch das Lavameer
Die »Feuerberge« von der Straße, die von Yaiza entlang des Parks führt (Seite 76)

drés Lorenzo Curbelo, darüber berichtet. Er schildert in seinen Aufzeichnungen, wie am 1. September 1730 zwischen 9 und 10 Uhr die Erde von Yaiza bis Timanfaya aufbrach, die flüssige Lava sich auf Timanfaya, auf Rodeo und auf einen Teil von Mancha Blanca stürzte, wie die Dörfer Macetas und St. Catalina von der Lava überrollt wurden, ins Meer stürzten und die Fische in großer Zahl tot an der Oberfläche trieben: »... am Ende des Juni 1731 bedeckten sich die Gestade und Ufer der Insel mit einer unglaublichen Menge von toten Fischen, von den verschiedenartigsten, und einige von noch nie gesehenen Formen. Gegen Nordwest sah man aus dem Meer viel Rauch emporsteigen ... Im Oktober und November ängstigten nicht wenige bedeutende Ausbrüche die Einwohner der Insel; am 25. Dezember fühlte man das stärkste aller Erdbeben, und am 28. Dezember kam aus einem aufgeworfenen Kegel ein Lavastrom, welcher abermals ein Dorf verbrannte und selbst bis Yaiza vordrang, wo er eine Kapelle zerstörte. Ein Lavastrom wälzte sich mit großer Geschwindigkeit herunter, erreichte am 1. Januar das Meer und bildete dort eine Insel. Jetzt verloren die Menschen alle Hoffnungen, daß die Insel je wieder zur Ruhe komme ...« Zu den Ausbrüchen auf Land kamen auch noch zahlreiche untermeerische Beben. Am 16. April 1736 wurde die letzte Eruption registriert. Das Ergebnis der Naturkatastrophe: Etwa ein Viertel der Insel war zu Malpaís, zu schlechter Erde, geworden. Verwüstet waren rund 150 Quadratkilometer Land. Auf dem Eiland lag die unglaubliche Menge von acht Millionen Kubikmetern Lava, zehn Dörfer waren von der Lava und dreizehn Ortschaften von den Lapilli-Massen verschüttet worden. Es gab aber nur einen Toten; dabei soll es sich um einen Fischer gehandelt haben. Die Bewohner hatten sich rechtzeitig in Sicherheit gebracht. Sie waren entweder nach Gran Canaria ausgewandert oder hatten sich im Norden der Insel, im fruchtbaren Tal Los Valles, angesiedelt.

Die letzten Vulkanausbrüche wurden 1824 registriert, als am 31. Juli der Vulkan del Clérigo Duarte Feuer spuckte. Über 14 Kilometer lang war die Eruptionsstrecke. Bei der Punte del Cochino wälzte sich eine sechs Kilometer lange Lavamasse ins Meer. Der letzte der Lavaströme erkaltete kurz vor dem Dorf Mancha Blanca. Die glücklichen Bewohner erbauten dort die Kapelle Nuestra Señora de los Volcanes, auch Virgen de los Dolores – Jungfrau der Schmerzen – genannt. Noch heute stellen die Bewohner frische Blumen vor das Bild der schwarzen Madonna – zum Dank für die Rettung.

★ An der Straße von Yaiza nach Mancha Blanca befindet sich am Fuße der Montañas del Fuego die sogenannte Dromedarstation. Schätzungsweise 250 Tiere schaukeln auf ausgetretenen Pfaden Touristen am Hang des Berges entlang. Ein exotisch anmutender Ritt, der täglich von Hunderten von Touristen unternommen wird. Der Preis für den 20 Minuten dauernden Ausritt liegt bei 1300 Ptas für zwei Personen; letzter Ausritt ca. 15 Uhr.

Durch das Innere des Nationalparks führt eine 14 km lange Straße, die man nicht im eigenen Leihwagen, sondern mit dem Bus befahren kann. Die Fahrt ist im Eintrittspreis für den Park enthalten. Der Bus steht am Islote de Hilario, etwa 3 km vom Eingang entfernt. Hier befinden sich auch ein Restaurant, ein Souvenirgeschäft, und dort wird am offenen Erdloch demonstriert, wie heiß das Erdinnere sein kann: Ein Nationalparkhüter gießt Wasser in eiserne Rohre, und einige Sekunden später zischen Dampffontänen nach oben. Als General Franco diesen Platz 1950 besuchte – seinetwegen wurde die Straße angelegt – und ihm demonstriert wurde, wie heiß es doch da unten ist, soll er gesagt haben: »Ein großartiger Trick.« *Tgl. 9–17 Uhr, Eintritt 900 Ptas, incl. Busfahrt* (**B–C 9**)

VULKANROUTE NACH BAJA MARES

(**C–D 7–8**) Mitten durch das Malpaís-Gebiet führt, am Rande des Nationalparks, eine Piste von Mancha Blanca nach Baja Mares, an der eine ehemalige Fischersiedlung steht. Die Häuser werden nur noch in den Sommermonaten von Bewohnern aus Tinajo und Mancha Blanca bewohnt.

Der Weg führt kurvenreich entlang an Gemüse- und Zwiebelfeldern. Hinter dem Vulkankegel Teneza wird das Land stiller, wüster und die Piste holpriger. Links führt ein breiter Weg in die Las Montañetas, quer durch ein schwarzblaues Lavameer, das sich scheinbar bis zum Horizont erstreckt. Geradeaus verläuft die Holperpiste zur eindrucksvollen Steilküste. Eingefallene Windschutzmauern aus Stein deuten an, daß hier einmal Landbau betrieben worden war. Hin und wieder sieht man grüne Feigenbaumbüsche in dem zerrissenen und zerhackten Lavameer. Der Weg führt über helle

Das Feuerteufelchen am Eingang des Parks weist den Weg zu seinem Reich

Tuffsteinflächen, die da und dort von dunkelgrauen und rötlichbraunen Lavaströmen durchzogen werden.

Zahlreiche vulkanische Auswurfformationen haben durch Verwitterung, durch die Tätigkeit des ständig wehenden Windes in Jahrhunderten stellenweise bizarre Formen angenommen. Der Pfad schlängelt sich durch die einsame Landschaft, vorbei an einigen verlassenen Steinhäusern. Kurz vor der Küste teilt sich die Piste. Nach links führt der Weg in dem mit scharfkantigen und brüchigen Lavatrümmern bedeckten Gelände kurvenreich zu einer weiten und steinigen Bucht, in der sich die Wellen des Ozeans mit Getöse brechen. Nach rechts geht es steil hinauf ins ehemalige Fischerdorf.

Den Leihwagen stellt man am besten oberhalb des Dorfes ab und klettert zu Fuß hinunter: Die Gassen sind sehr eng. Gleich einem schützenden Bollwerk sind der Bucht einige Felsen vorgelagert, an denen sich die vom Passat getriebenen und aufgewühlten Wassermengen mit unglaublichem Getöse brechen. Die bis zu 30 m hoch aufspritzenden Wellenberge wirken bedrohlich. An der linken Seite der Bucht kann man, je nach Wasserstand, in den Felsen nach Krebsen suchen. Allein an sehr heißen Tagen und während der Sommermonate füllt sich das Dorf mit Leben. Auf den zementierten Steinbänken vor den grellweiß gestrichenen Häusern halten die Bewohner ihr Schwätzchen, die Kinder planschen im Wasser, und hin und wieder sieht man Fischer in kleinen Motorbooten, wie sie geschickt den Vor- und Rücklauf der Wellenberge ausnutzen, um dann ohne Schwierigkeiten ins offene Meer zu gelangen.

WANDERUNG DURCH DAS LAVAMEER

(B–C 9–10) ★ Vielen Lanzaroterеisenden ist Yaiza von den Bildern in den bunten Prospekten bekannt. Ein putziges Dorf mit weißen Häusern, einem rechteckigen Dorfplatz mit einer kleinen Bodega. Die Sonne scheint, die Stimmung ist gut, und nun möchte man etwas unternehmen. Eine Wanderung durch das Lavameer, das sich hinter Yaiza bis zur Grenze ausdehnt, an dem der Nationalpark Timanfaya (bekannt als »Feuerberge«) beginnt, scheint genau das Richtige.

Man verläßt Yaiza bei der Kirche und nimmt den Weg in Richtung Montañas del Fuego. Die Straße führt an einigen schönen Fincas (Bauernhöfen) vorbei, durchquert im Abstand von rund 400 m zwei Unterführungen. Am Wegrand Einblick in das intensiv genutzte Anbaugebiet für Zwiebeln, Melonen und Kartoffeln. Links, in der Ferne, erkennt man das ausgedehnte Weinanbaugebiet von La Geria.

An den Hängen stehen Feigenbüsche; eindrucksvoll ist der Blick auf die Montañas del Fuego, die Feuerberge. Nur die eigenen Schritte hört man im schwarzen Lavagestein.

Die Piste verläuft ohne sichtliche Höhenunterschiede, auch gibt es keine Felsbarrieren, die überwunden werden müssen. So weit das Auge reicht nur Lava, die in vielen Farben schillert. Interessant ist zu beobachten, wie der ständig wehende Passatwind das Bild der Landschaft geformt hat. Vegetationslose Flächen verzahnen sich mit bewachsenen Hängen, in denen sich einige widerstandsfähige Pflanzen aus der Familie der Tabaibales in dieser Steinwüste behaupten. An einigen Stellen erkennt man goldglänzende Dünen inmitten der dunklen Schlackenberge. Der Blick fällt auf die erloschenen Vulkane Montana Tremesana und Montana Encontada.

Die Vielzahl der Erscheinungsformen im Randbereich des Nationalparks Timanfaya, aber auch ihr ständiger Wandel ergeben sich aus dem Wechselspiel von Ablagerung und Abtragung, von Licht und Schatten und vom Stand der Wolkenberge, die in einem ziemlichen Tempo über die Vulkane getrieben werden. Nach etwa einer Stunde stehen Sie vor einem gelb-schwarzen Schlagbaum. Hier endet der Ausflug von Yaiza. Ein Verbotsschild macht Sie darauf aufmerksam, daß es verboten ist, hinter der Schranke weiterzulaufen.

Zu dieser Maßnahme sah sich die Verwaltung des Nationalparks gezwungen, nachdem immer mehr Menschen den Weg am Rande der Feuerberge benutzt hatten und die Vorschriften mißachtet haben, die den Nationalpark schützen sollen. Die Parkpolizei kontrolliert, und wer nicht im Besitz einer Erlaubnis zum Betreten des Weges ist, muß mit einer empfindlichen Geldbuße rechnen. Einen der ganz seltenen Zugangsausweise stellt die Parkverwaltung ICONA *(Tinajo, Calle La Laguneta 64)* aus.

Aber auch diese zweistündige Wanderung zwischen Yaiza und dem Schlagbaum vermittelt eine Idee von der Kraft der Natur, die die einzigartige Landschaft geschaffen hat. Die leuchtenden Farben, der Geruch nach Feuer und Asche, die Weite der Landschaft – ein wildes Gemisch aus allem, was schön ist. Und wenn man Glück hat – morgens in der Frühe und am Nachmittag –, sieht man zwischen den Felsen jene lange Reihe von Dromedaren, die von Uga aus zu den Feuerbergen oder zurück laufen.

Diese Dampffontäne entsteht Sekunden, nachdem Wasser durch Eisenrohre ins heiße Erdinnere gegossen wurde

Sonne, Strand und ein Hauch von Afrika

Im heißen Süden der Insel entsteht eine moderne Ferienstadt

Die Schnellstraße zerschneidet das verbrannte Land, in dem Bocksdorngewächse und Ginster, Agaven und Wolfsmilchpflanzen sich dem trockenen Boden angepaßt haben. Schon von weitem erkennt man die weiße Silhouette von Playa Blanca in der flimmernden Hitze. Dort, wo noch vor zwölf Jahren nur einige hundert Fischerfamilien lebten, es drei Bars, zwei einfache Pensionen und am Rande des Dorfes einige Apartmenthäuser für Engländer gab, wächst langsam Spaniens ehrgeizigstes Urbanisationsprojekt heran.

Die Pläne der Inselregierung sehen vor, daß hier einmal 35 000 Gästebetten von sonnenhungrigen Europäern belegt werden. Die Landschaft hinter Playa Blanca ist durchfurcht von Dutzenden von Rallyepisten, die zu den Stränden von Papagayo führen, Lanzarotes schönste und sauberste Buchten. Dank der Playa de las Coloradas und der Playa Mujeres, die an dieser Landzunge – krumm wie ein Papageienschnabel – liegen, erlebt das Dorf seinen Aufschwung. Das Naturschutzgebiet rund um El Papagayo wurde bislang nicht angetastet. Politiker haben sich an das Gesetz gehalten: *La Costa es de todos*, der Strand gehört allen. Von der Costa Teguise und von Puerto del Carmen kommen die Sonnenhungrigen, um die Schönheit der Küstenlandschaft zu erleben.

Playas de Papagayo, ein Naturschutzgebiet. Malerische Sandstrände mit kristallklarem Wasser

PLAYA BLANCA

(**A 12**) Das schon afrikanisch anmutende Dorf zählt die meisten Sonnenstunden Lanzarotes. Für die Gäste ist die neue Strandpromenade das Herz des Ortes. Eisbuden, Cafés und Restaurants reihen sich aneinander. Babylonisch scheint die Sprachenvielfalt. Englisch mischt sich mit Spanisch, Französisch mit Deutsch, Niederländisch mit Schwedisch. Vor allem zur Mittagszeit und am Abend, wenn die Ausflügler von den Stränden zurückkehren, wird es eng an der Uferpromenade – Treffpunkt, Nachrichtenbörse, Kontaktort und Zufluchtsplatz.

★Einen guten Sandstrand hat die *Playa Dorada*, er ist zum Teil künstlich aufgeschüttet, befindet sich an der Uferpromenade. Die vielgerühmten Strände von Papagayo erreicht man von Playa Blanca aus über sehr ausgefahrene Holperpisten. Mit der vielgerühmten Einsamkeit ist es leider vorbei, seit hier Wohnwagen und Zelte in mehreren Reihen stehen.

BESICHTIGUNGEN

Castillo de las Coloradas (B 12)

★ An der Steilküste Punta del Aguila erhebt sich jener wuchtige Rundturm, der als *Torre de Aguila* 1741 erbaut wurde. Acht Jahre später wurde er von algerischen Piraten, die mit 400 Mann an dieser Stelle auf der Insel landeten, zerstört, um 1796 wieder errichtet zu werden. Der Turm, der lange baufällig war, ist inzwischen restauriert worden. Leider ist er nicht regelmäßig geöffnet. Wenn, dann hat man von der Plattform eine herrliche Aussicht nach Fuerteventura, bis zur Punta de Papagayo und zur Punta de Limones, wo sich die neuen Hotels erheben. In der Festungsmauer befindet sich das älteste restaurierte Inselklo mit dem herrlichsten Weitblick.

Am Strand der Coloradas soll der normannische Eroberer Jean de Béthencourt bereits 1402 ein Kastell errichtet haben. Das Castillo erreicht man über die Uferpromenade, das letzte Stück ist ein Pfad. Von der Burg führt eine Straße weiter zu den Papagayo-Stränden.

Faro de Pechiguera (A 12)

In langen Kehren führt die Straße hinter dem Hotel Lanzarote Playa zur Punta Pechiguera. An der etwa 2 km langen Piste kommt man an den mit hellem und dunklem vulkanischen Sand bedeckten Badebuchten vorbei, die von schroffen Felsen eingefaßt sind. Zur Rechten erhebt sich der 194 m hohe Montaña Roja, an dessen Hängen die Feriensiedlung Montaña Baja im Sonnenlicht schimmert. Diese Urbanisation war eine der ersten von Playa Blanca. Die Villen und Ferienhäuschen sind von viel Grün eingefaßt. Zur Linken schimmert weiß und grell Fuerteventura. Rund um den Leuchtturm, der am Ende des Weges steht, liegt viel Brachland, das noch der touristischen Erschließung harrt. Vom Leuchtturm führen inzwischen einige neue Straßen in die Lavalandschaft, hier und da wird auch bereits gebaut.

Der neue Leuchtturm wurde vor etwa sechs Jahren neben den alten Turm gesetzt und ist das einzige Leuchtfeuer der Insel. César Manrique hatte 1989 einen neuen künstlerischen Plan ausgearbeitet: Er wollte rund um Lanzarote in gleichen Abständen Leuchtfeuer bauen. Insgesamt sollten einmal 25 Türme ihr Licht an der Lavaküste erglühen lassen. Bisher ist dieser Plan des Inselkünstlers nicht ausgeführt worden. Vielleicht liegt es an den hohen Kosten, vielleicht fand die Inselregierung den Plan zu anspruchsvoll oder auch zu kitschig. Eigenwillig jedenfalls ist er.

Von der Punta Pechiguera führen Pisten durch die Ebene und

mittelbar an die Playa Dorada. Um den Palmenpark mit Swimmingpool und Kinderplanschbecken steht die flachgeschossige Anlage. Die Atmosphäre wird von einer internationalen Klientel geprägt, das Personal ist freundlich. Wer ein Zimmer mit Meerblick hat, kann die Sonnenuntergänge genießen. 266 Zimmer. *Avda. Papagayo, Tel. 51 71 20, Fax 51 74 32, Kategorie 1*

Lanzarote Park
Hotel und Apartments liegen etwas abseits vom Ortskern. Diese Lage des im andalusischen Haziendastil erbauten Hauses mit Blick nach Fuerteventura gehört zu den Vorzügen. Engländer geben den Ton an. 240 Zimmer. *C/C Lanzarote Park, Tel. 51 70 49, Fax 51 73 48, Kategorie 2*

SPIEL UND SPORT

Angeln
An der Hafenmole und am Leuchtturm liegen die besten und ergiebigsten Angelplätze. *Hochseeangeln, halbe Tage 4000 Ptas und ganze Tage 7000 Ptas*

Baden
An der *Playa Dorada*, direkt an der Uferpromenade, liegt dieser kleine Strand mit feinem Sand. Kinderfreundlich. Tretboote kosten ca. 1000 Ptas eine Stunde.

★ Hinter dem Sammelbegriff *Playas de Papagayo* verbergen sich die schönsten Inselstrände, sanft ablaufend, mit kristallklarem Wasser. Zu Fuß oder über ausgefahrene Pisten zu erreichen. *Playa Mujeres* ist mit rund 90 m der breiteste der Papagayostrände, es folgen *Playa de las Coloradas, Playa de las Ahogaderas, Playa de la Cera*. Hinter der Spitze *Punta del Papagayo* befinden sich noch die Strände *Caleta del Congrio* und *Muela de Abajo*. Nicht erschrekken: Wohnwagen und Zelte stehen an den Stränden.

Windsurfen
An der *Punta del Aguila*, an der *Playa Dorada* und bei Süd- und Südwestwind an den *Papagayo-Stränden*

ZIELE IN DER UMGEBUNG

Corralejo (Fuerteventura)
Das einstige Fischerdorf auf Fuerteventura ist ein quirliger Ferienort, mit immer mehr Touristen, ein Ort in Goldgräberstimmung. Er profitiert von dem großen, schönen Strand, der östlich von Corralejo beginnt und bei der Montana Roja endet. Dem zunehmendem Interesse am »Inselhüpfen« tragen auch die konkurrierenden Reedereien Rechnung: *Stündlich von 8–11 und 14–19 Uhr fahren Fähren von Corralejo nach Playa Blanca (Lanzarote) und zurück.* Die letzte Fähre nach Playa Blanca um 19 Uhr. Eine Rückfahrkarte »Sparpaket« kostet für fünf Passagiere inklusive Pkw ca. 12 000 Ptas (Stand Sept. 1995). Reiseveranstalter bieten organisierte Fuerteventura-Ausflüge an: *Volcan de Tindaya, Tel. 51 79 12/13; Buganvilla, Tel. 51 72 66*

Femés **(B 11)**
Der Inselpatron San Marchial de Limoges wacht in der Ermita über Lanzarote. Einmal im Jahr, am 7. Juli, wird sein Standbild während einer Prozession um die Kirche getragen. Eine ganze Woche dauert das Fest und ge-

hört zu den Höhepunkten im religiösen Festkalender. Der Ort, in etwa 450 m Höhe, wurde aus Angst vor Piraten gegründet. Das Bauerndorf gilt als wohlhabend. An der serpentinenreichen Straße stehen noch zahlreiche alte Höfe. Aus dieser Gegend stammt auch meist die rote Erde, auf der im Tal Zwiebeln und Tomaten grünen. Vom sogenannten ★ Balkon aus hat man einen schönen Ausblick auf die weite Rubicón-Ebene bis hin nach Fuerteventura und Lobos. Eine gute Straße führt ins Tal nach Las Brenas, Pistenwege zu den Papagayo-Stränden.

El Golfo **(A–B 9–10)**

★ Auch eine Attraktion von Lanzarote ist die giftgrün leuchtende Lagune Lago Verde, geformt durch den Halbkrater El Golfo – die andere Hälfte ist im Meer versunken. Zurückgeblieben sind der schwarze Grund und die grüne Lagune. Ausgetrampelte Pfade führen zum Dorf Casa de El Golfo. Das kleine Fischerdorf am Ende der Landstraße ist kein schöner Ort, aber einer mit Anziehungskraft. Er hat einige Fischlokale, in denen es eine Vielfalt einfacher Fischgerichte gibt: Costa Azul, La Choza und Placido sind nicht schlecht. Fischgerichte um 1300 Ptas.

Los Hervideros **(A 10)**

Die vom Meer herausgewaschenen Höhlen, in denen sich Wellen des Atlantiks auftürmen, um in einem ohrenbetäubenden Inferno zu brechen, können nicht besucht werden. Von einer ausgebauten Plattform können die Grotten besichtigt werden. Eine schöne Küstenstraße mit vielen Aussichten, die vor allem bis zur Mittagszeit stark befahren ist.

Giftgrün leuchtet die Lagune Lago Verde von El Golfo

Salinas de Janubio **(A–B 10)**
★ Unmittelbar an der Straße Yaiza–Playa Blanca liegt die bedeutendste Saline Lanzarotes. Die Anlage liegt inmitten der Lagune El Charco, einst ein Paradies für Wildenten. Hinter dem Damm erstreckt sich der längste schwarzfarbene Lavasandstrand der Insel. Die Saline, deren Salzfelder schachbrettartig angelegt sind, produziert jährlich rund zehntausend Tonnen Meersalz. Einst wurden auf einer Fläche von rund 300 000 Quadratmetern etwa 350 000 Tonnen Salz gewonnen, die in der Fischkonservierung Verwendung fanden. Schwarzer Kieselstrand.

Uga **(C 10)**
Aus diesem Dorf wandern jeden Morgen in der Frühe die Dromedare in den Nationalpark, um Touristen auf den Feuerberg zu schaukeln. Von hier aus führt die Straße zu den Weinfeldern von *La Geria*.

Yaiza **(B–C 10)**
★ Seitdem die Umgehungsstraße um den Ort herumführt, ist es im klassischen lanzarotenischen Dorf ruhiger geworden. Die Ortsstraßen sind mit Geranien, Palmen und Agaven bepflanzt worden. Die Kirche *Nuestra Señora de Los Remedios* lohnt den Besuch: eindrucksvolle Holzdecke, geschnitzte Empore und der Hochaltar. Der Kirche gegenüber steht das Kulturzentrum *Benito Perez Armas*. In dem Gebäude lebte der Schriftsteller und Politiker Armas von 1871 bis 1937. Das Haus vermittelt den kanarisch-andalusischen Architekturstil des letzten Jahrhunderts. Um einen geräumigen Innenhof steht das Gebäude, in dem berühmte und weniger bekannte Künstler ausstellen. (*Mo–Fr 10 bis 13 und 16–19, Sa 9–13 Uhr*). Am Ortsrand liegt das Restaurant *La Era (El Barranco, 2, Kategorie 1)*. Wunderschön das Ambiente, *Galeria Yaiza, Mo–Sa 17–19 Uhr, Tel. 83 01 99.*

Tagesausflug zur Insel Fuerteventura
Die zweitgrößte kanarische Insel läßt sich am besten und einfachsten mit einem Leihwagen erkunden. Die Insel wirkt leer und weitläufig. Sie ist mehr als doppelt so groß wie Lanzarote. Ein Tagesausflug von Playa Blanca kann sich daher nur auf den nördlichen Teil beschränken. Die wüstenhafte Vulkaninsel, die älteste von allen Kanaren und nur knapp 100 km von der afrikanischen Küste entfernt, ist staubig, sandig und steinig. Die Faszination der »Insel des starken Abenteuers«, wie sie die Eroberer 1406 nannten, liegt in ihrer asketischen Schönheit verborgen, ihren Gebirgszügen und natürlich den schier endlosen Sandstränden, die meist flach und gefahrlos ins Meer führen. Dank des immer wehenden Windes ein Paradies für Surfer und ideal für Badeferien. Auf der etwa 125 km langen und rund 25 km breiten Insel leben heute knapp 40 000 Menschen. 1967 wurden nur 1105 Touristen gezählt, 1989 waren es schon 330 000 und inzwischen sind es mehr als eine halbe Million Nordeuropäer, die Fuerteventura jährlich besuchen. Von allen kanarischen Inseln hat diese Insel die höchsten Steigerungsraten im Tourismus.

Tagestour von Corralejo nach La Antigua, Betancuria, Tindaya, La Oliva, El Cotillo: Diese Fahrt führt durch die eindrucksvolle größte Dünenlandschaft der gesamten kanarischen Inselwelt. Die Kontraste von azurblauem Meer, blendend weißem Sand und einem weiten Himmel mit den für die Insel charakteristischen Wolkenschleiern begeistern. Die Fahrt führt über die Küstenstraße vorbei an den im Aufbau befindlichen Urbanisationen Parque Holandes und Puerto Ventura nach Puerto del Rosario, der Hauptstadt.

Hinter dem Bungalowdorf Castillo de Fustes beginnt dann die eigentliche Rundfahrt durch das Landesinnere. Links und rechts des Malpaís Chico und Grande (»Schlechtes Land«) erstreckt sich ein schroffes und karstiges Lavameer. In Pozo Negro, direkt am Meer, kann man picknicken – oder aber in einem der beiden kleinen Restaurants mit Seeblick zu Mittag essen. Über La Antigua geht es nach Valle de Santa Inés. Von der Hochstraße hat man eine schöne Weitsicht über die Ebene und die zahlreichen Windräder. Ein Abstecher nach Betancuria ist möglich, in der die wuchtige Kirche *Iglesia Santa Maria de Betancuria* steht, 1424 als erste Kathedrale der Kanaren erbaut, von Piraten 1593 zerstört. Besonders kunstvoll die hölzerne Mudéjardecke. Zur Kirche gehört ein Kirchenmuseum *(tgl. 10–16 Uhr)*. Ein kleines Stadtmuseum liegt an der Calle Roberto Roldan, der Durchgangsstraße.

Auf der Hochstraße in Richtung La Oliva steht am Fuße des Vulkans Montaña Quemada das helle Denkmal des spanischen Dichters Unamuno, der auf Fuerteventura im Exil lebte. Eine kurvenreiche Stichstraße führt zum Fischerdörfchen Los Molinos. In Tindaya liegt der »Heilige Berg« der Guanchen. Auf der Weiterfahrt erreicht man dann *La Oliva*, das 200 m hoch liegt. Beherrscht wird der Ort von dem wuchtigen Glokkenturm aus schwarzem Lavagestein und der Militärresidenz *Casa de los Coroneles*. Das Bauwerk mit angeblich 365 Fenstern und acht barocken Balkons wurde 1990 renoviert. Im neuen ungewöhnlich gestalteten Centro de Arte Canario (nur 100 m entfernt) ist anspruchsvolle kanarische Gegenwartskunst ausgestellt (Eintritt 600 Ptas). Eine letzte Möglichkeit, um die karge Landschaft des Inselnordens zu entdecken, bietet der Abstecher ins Fischerdorf El Cotillo. Nach rechts führt die Piste zum Leuchtturm und nach links, hinter dem Festungsturm Castillo de Rico Roque, zu den Steilklippen. Unterhalb locken golden und einsam und schwer erreichbar die Sandstrände. Das kleine Fischerdorf Corralejo hat sich in den letzten Jahren zum Touristenzentrum des Nordens entwickelt. An den Badebuchten, am Stadtrand und an dem rund 8 km langen Sandstrand stehen Bungalowdörfer und mit großem Komfort ausgestattete Ferienhotels. 2 km vor Corralejo liegt Isla de Lobos, eine kleine Insel, die Piraten im Mittelalter als Schlupfwinkel diente. Die Überfahrt mit dem Motorboot dauert eine Viertelstunde. Auf der Lavainsel gibt es einige Badestrände für Surfer und Schnorchler.

Von Auskunft bis Zoll

Nützliche Tips, falls Sie einen Arzt brauchen oder ein Taxi zu bezahlen haben

AUSKUNFT

Spanisches Fremdenverkehrsamt
In Deutschland: Kurfürstendamm 180, 10707 Berlin, Tel. 030/ 882 65 43, Fax 882 66 61. Grafenberger Allee 100, 40237 Düsseldorf, Tel. 0211/680 39 80/81, Fax 680 39 85. Myliusstraße 14, 60325 Frankfurt, Tel. 069/72 50 33, Fax 72 53 13. Schubertstraße 10, 80336 München, Tel. 089/538 90 75, Fax 532 86 80
In der Schweiz: Seefeldstraße 19, 8008 Zürich, Tel. 01/252 79 30, Fax 252 62 04
Oficina de Turismo, Parque Municipal, Arrecife, Tel. 81 10 60, 81 17 62, Mo–Fr von 10–14 Uhr und 16–19 Uhr, Sa 16–19 Uhr
Flughafen Arrecife: Tel 81 14 50; Flug-Infos: Tel. 81 53 75

APOTHEKEN

Die *Farmacias* tragen das grüne Malteserkreuz. *Mo–Fr 9–13 und 16–20 Uhr, Sa 9–13 Uhr*

AUSWEISE

Für die Einreise genügt der Personalausweis, Paß geht auch.

AUTOVERMIETUNG

Mietwagen gibt es in allen Urbanisationen und großen Hotels – hin und wieder auch Mofas, Motor- und Fahrräder.

Die Preisunterschiede sind groß. Ein Kleinwagen kostet zwischen 5500 und 12 000 Ptas für einen Tag, zwei Wochen zwischen 36 000 und 49 500 Ptas. Geländewagen pro Tag ab 10 000 Ptas plus Versicherung. Es empfiehlt sich dennoch bei bekannteren Firmen (Avis, Eurocar, u.a.) zu mieten. Das scheint teurer, aber rechnet man alle Zuschläge und Versicherungen zusammen, so ist es meist günstiger.

BUSVERKEHR

Vom zentralen Busbahnhof in Arrecife, Velacho *(am Stadtrand, Tel. 81 15 46)*, werden alle Orte der Insel angefahren. Puerto del Carmen etwa alle halbe Stunde, Costa Teguise jede Stunde, Playa Blanca fünfmal täglich. Für Überlandfahrten sind gute Spanischkenntnisse notwendig. Busfahren bleibt ein Abenteuer. *Bus-*

stop in Arrecife: Avda. Fred Olsen (unweit des Grand Hotels). Fahrt nach Puerto del Carmen *(150 Ptas)*, zur Costa Teguise *(115 Ptas), zum Flughafen (80 Ptas)*

BANKEN/WECHSELSTUBEN

Eingetauscht werden Euro-, Post- und Traveller-Schecks. Die Provision beträgt bis zu zehn Mark. In den Banken, in Hotels, vor allem am Flughafen sind die Wechselkurse sehr schlecht. Gewisse Summe von daheim mitbringen; Hotelrechnung mit Scheck oder Kreditkarte bezahlen. Ausländische Währungen dürfen in unbegrenzter Höhe eingeführt werden. Die Schecks (Höchstsumme 25 000 Ptas) müssen in Peseten ausgeschrieben werden.

Banken: Mo–Sa von 9–13 Uhr, in Puerto del Carmen Mo–Fr von 17–18.45 Uhr; Giroamt in Arrecife, Calle General Franco, Mo–Fr 9–14 Uhr, Sa 9–13 Uhr (Juni–Sept. geschl.)

Bei Verlust der Euroscheckkarte: *Tel. 00 49 69/793 31 91*

CAMPING

Es gibt keinen offiziellen Campingplatz. Wildes Camping wird nicht mehr geduldet.

DIPLOMATISCHE VERTRETUNGEN

Alle Konsulate befinden sich in Las Palmas auf Gran Canaria.
Deutschland: Calle Franchy y Roca, 5, Las Palmas de Gran Canaria, Tel. 27 57 00 (Mo–Fr 9–12 Uhr)
Republik Österreich: Edificio Cataluna, Calle Luis Morote, Las Palmas, Gran Canaria, Tel. 76 25 00
Schweiz: Domingo Rivero, 2, Las Palmas de Gran Canaria, Tel. 29 34 50

FEIERTAGE

An Sonn- und Feiertagen haben Geschäfte geschlossen, herrscht eingeschränkter Busverkehr. Mit Plakaten wird auf Fiestas aufmerksam gemacht. Die Daten variieren von Jahr zu Jahr.

FERNSEHEN

Es können mehrere spanische TV-Programme empfangen werden. Weitere Stationen über Satelliten-Antenne: SuperChannel, Skysports, TV 5, SAT 1. TV- und Video-Filme (Englisch und Spanisch) vermietet Videorama, C/C. La Playa, Puerto del Carmen. Alle größeren Hotels haben TV in den Zimmern.

FKK

Das Nacktbaden ist immer noch verpönt. Das hat weniger mit Prüderie zu tun, als mehr damit, daß die Insulaner eine andere Einstellung zum Körper haben und das Bloßstellen lächerlich finden. FKK-Liebhaber fahren an die Papagayostrände.

FOTOGRAFIEREN

Zwar sind die handelsüblichen Filme erhältlich, dennoch sollte man sich seinen Vorrat mitbringen. Vor allem Dia- oder Schwarzweiß-Filme.

KINDER

Die Strände von Puerto del Carmen, Playa Blanca und Papagayo gelten als ungefährlich. Apartmentanlagen, aber auch Hotels wie Lanzarote Palace, Sun Park, Lomo Blanco, Lanzaplaya sind auf Kinder eingestellt.

KLEIDUNG

Baumwollbekleidung, T-Shirts, Turnschuhe und ein Pullover gehören in den Koffer. Für Ausflüge und für den Abend im Hotel oder an der Bar empfiehlt sich, Kleider bzw. lange Hosen und Halbschuhe einzupacken.

KLIMA

Die Durchschnittstemperaturen von Dezember bis April bewegen sich um 20 Grad; Juli und August sind die wärmsten Monate; die Wassertemperatur liegt bei 22 Grad. Der meiste Regen fällt zwischen November und Februar, aber auch im Mai regnet es ab und zu. Im Norden (etwa an der Costa Teguise) scheint die Sonne weniger als im Süden (etwa Playa Blanca). Der Nordostpassat sorgt zum Teil für einen kräftigen Wind.

MEDIZINISCHE VERSORGUNG

Ärzte und Krankenhäuser haben sich auf die Touristen spezialisiert. Der internationale Krankenschein wird nicht von allen Kliniken akzeptiert, viele Ärzte bestehen auf Barzahlung.

Arrecife
Inselkrankenhaus (Hospital Insular), Tel. 81 05 00; Lansalud Centro Médico, Calle Valls de la Torre, 4, Tel. 81 58 64; Zahnarzt Dr. Maria del Carmen Romero (englischsprechend), Calle Valls de Torre, 6, Tel. 81 45 88

Costa Teguise
Clínica, Calle La Rosa, 8, Tel. 59 10 14/80 09 89; Deutsch-Briti-

Biosphären-Reservat Lanzarote

Das Inselparlament von Lanzarote hat 80 000 Gästebetten als oberste Grenze akzeptiert und dem Schutz der Vulkanlandschaft Vorrang gegeben. Dank dieser Maßnahme wurde die Insel von der UNESCO unter die 324 Biosphären-Reservate in 82 Ländern der Erde aufgenommen. Jene Gebiete – u. a. Menorca, die Everglades von Florida oder der Mittellauf der Elbe – gelten als besonders schutzwürdig. Auf der ersten Weltkonferenz für Tourismus, der 1995 auf Lanzarote stattfand, wurde vor »weiterer Massierung« des Fremdenverkehrs dringend gewarnt, damit nicht noch das zerstört werde, weswegen die Besucher kommen. Die verabschiedete Charta ruft zur Respektierung der »sensiblen Zonen« durch den Tourismus auf, dazu, das Kulturerbe und Traditionen zu wahren und die Lebensqualität zu verbessern. Im selben Jahr verabschiedete das Regional-Parlament der Kanaren ein entsprechendes Gesetz. Auf Lanzarote ist das Umweltbewußtsein nur mäßig entwickelt. Obwohl alles eingeführt wird, gibt es nur Wegwerfartikel. Sonnenenergie wird kaum genutzt, dafür gibt es die ersten Windparks. El Guincho ist die einflußreichste Umweltschutzgruppe der Insel.

sche Klinic, C./C. Plaza Tandarena, Tel. 59 21 25

Playa Blanca
International Clinic, Dr. Manuel Herrera, Calle H 1, Tel. 51 70 92; Salus Medical Centre, C./C. Lanzarote Park 17, Tel. 51 76 43

Puerto del Carmen
Ärztezentrum Dr. Marin, Avda. de las Playas 5 (Einkaufscenter Fariones), Sprechstunden 8–14, 16–21 Uhr, Sa-nachmittag und So geschl., Tel. 82 59 11/51 03 70; Clínica Dr. Mager, Avda. de las Playas, 37, Sprechstunden 10–20 Uhr, Tel. 51 26 11; Euroclinic, Avda. de las Playas, 52 (gegenüber Barcarola), Tel. 51 35 49

NOTRUF

Feuerwehr: 81 63 08; Rotes Kreuz (Krankenwagen): 81 22 22; Polizei: Arrecife 81 13 17, Tias 82 53 01, Yaiza 83 01 02; Guardia Civil in Arrecife 81 09 46; Notruf 0 92

POST

Arrecife
Hauptpost: Calle General Franco, 8, Mo–Fr 9–13 und 16–19 Uhr, Sa 9–13 Uhr, Giroamt: Caja Postal (Ausweis nötig), fünf Häuser neben der Hauptpost, Mo–Fr 9–14, Sa 9–13 Uhr (Juni–Sept. am Sa geschl.)

Costa Teguise
C./C. Las Maretas, Mo–Fr 10–13, Sa 10–12 Uhr

Playa Blanca
Carretera Papagayo, Mo–Sa 9–13 Uhr

Puerto del Carmen
Calle Manguia/Juan Carlos und Calle Bajamar, 15, Mo–Fr 8.30 bis 14.30, Sa 9.30–13 Uhr. Briefe und Postkarten innerhalb der EU 55 Ptas

REISEZEIT

Hauptreisezeiten sind: Dezember bis Ostern und Juli bis September. Liebhaber wählen die Monate Mai und Oktober, das Klima ist ausgeglichen und die Sehenswürdigkeiten sind nicht überfüllt. Juli ist Festmonat.

RISIKEN

Mit Diebstahl muß auch gerechnet werden. Zimmersafes werden für ca. 1500 Ptas pro Woche vermietet. Auch wenn die Chance gering ist, daß das Gestohlene wieder auftaucht, sollte man doch bei der Polizei eine Anzeige erstatten. Frauen sollten nicht allein trampen.

RUNDFUNK

Der Touristenfunk von Radio Cadena Espãnola Las Palmas sendet zwischen 8.05 und 8.30 Uhr von Montag bis Samstag Nachrichten und aktuelle Informationen in deutscher Sprache: auf Mittelwelle 747 kHz. Die Deutsche Welle ist auf der Frequenz 9545 und 21 560 (13 m), UKW auf 103 MHZ zwischen 0 und 6 Uhr zu empfangen. Radio Lanzarote auf FM 104, Radio Volcan auf FM 89,7 von 18.30 Uhr in englischer Sprache, Radio Europa, FM 102,7

STROM

220 Volt beträgt die Stromspannung. Probleme können die unterschiedlichen Steckdosen bereiten. Ein Adapter hilft weiter.

TANKSTELLEN

Tgl., außer So, 7–21, einige bis 22 Uhr; zwischen Arrecife und Tias 24-Stunden-Service

TAXIS

An der kleinen SP-Plakette sind die Taxis erkennbar. Den Fahrpreis vor Beginn aushandeln oder erfragen. Puerto del Carmen–Arrecife 1900 Ptas, Flughafen–Playa Blanca 3800 Ptas, Flughafen–Costa Teguise 1500 Ptas, Puerto del Carmen–Los Jameos del Agua rund 4500 Ptas

TELEFON

Gespräche nach Hause können von allen Telefonzellen geführt werden. Mindesteinsatz 250 Ptas. In den Urbanisationen stehen die »Telefónica«-Kabinen, von denen man ungestört und ohne Münzprobleme telefonieren kann. Ein Fünf-Minuten-Gespräch kostet etwa 1000 Ptas *(tgl. 9–13 und 17–21 Uhr)*. Bei privaten Vermittlern kosten drei Minuten um 1200 Ptas, ab 22 Uhr sind die Tarife rund 30 Prozent billiger. Für das Auslandsgespräch wählt man die 07 (ab 1994 auch 00), dann 49 für Deutschland, dann die Vorwahlnummer (ohne Null) und die Rufnummer des Teilnehmers. Ländernummern: *Deutschland 49, Schweiz 41, Holland 31, Österreich 43*
Vorwahl nach *Lanzarote 003428*

TRINKGELD

Kellner und Portier, Taxifahrer und Zimmermädchen – sie alle hoffen auf ein Trinkgeld. Zwar sind in den Lokalrechnungen 15 Prozent Bedienung enthalten, aber als Anerkennung für besonders freundlichen Service wird noch eine Aufrundung erhofft. Ein Taxifahrer erwartet 10 Prozent des Fahrpreises als Trinkgeld, Zimmermädchen etwa 500 bis 1000 Peseten pro Woche.

TRINKWASSER

Zum Waschen und Zähneputzen ist Leitungswasser unbe-

Der pechschwarze Kieselstrand von Playa de Janubio

denklich. Als Trinkwasser, zum Tee- oder Kaffeekochen sollte auf das Quellwasser aus Plastikflaschen zurückgegriffen werden.

VERKEHRSREGELN

In Ortschaften nicht schneller als 40, auf der Landstraße nicht mehr als 80 km/h fahren. Anschnallpflicht für alle. Geldbußen: Das Überfahren einer durchgezogenen weißen Linie kostet etwa 8000 Ptas.

ZEITSCHRIFTEN

Die überregionalen deutschen Zeitungen sind einen Tag später da. Tgl. druckfrisch von Las Palmas: Bild

ZOLL

Die Kanaren haben in der EU einen Sonderstatus: 1 l Alkohol, 2 l Wein, 200 Zigaretten oder 250 g Tabak und andere Waren bis zu 350 Mark dürfen mitgebracht werden.

WETTER IN ARRECIFE

Die monatlichen Durchschnittswerte im Überblick

	Jan.	Feb.	März	Apr.	Mai	Juni	Juli	Aug.	Sept.	Okt.	Nov.	Dez.
Tagestemperaturen in °C	21	22	23	23	23	25	28	29	29	27	25	20
Nachttemperaturen in °C	13	13	14	14	15	16	18	18	19	18	16	14
Sonnenschein Std./Tag	6	7	8	9	9	9	9	9	7	7	6	6
Niederschlag Tage/Monat	3	2	2	1	0	0	0	0	1	1	4	5
Wassertemperaturen in °C	18	18	17	17	18	20	20	21	22	22	20	19

Bloß nicht!

Auch auf Lanzarote gibt es Dinge, die ein kluger Tourist besser meidet als erleidet

Elfenbeinschmuck
Nicht nur afrikanische Händler schleppen Elfenbeinschmuck mit sich herum. Auch in Souvenirgeschäften wird er angeboten. Die Einfuhr von Elfenbein ist in Deutschland verboten. Verzichten Sie auch auf Schnitzereien aus Ebenholz – spätestens beim nächsten Regenschauer läuft die schwarze Farbe aus.

Elektro- und Foto-Geschäfte
Zahlreiche Läden locken mit Schildern wie Tax-free. In der Regel sind die Artikel nicht preiswerter als daheim, oft sogar wesentlich teurer. Kaufen Sie bloß nicht spontan, sondern vergleichen Sie die Preise.

Fliegende Händler
An Straßenrändern sieht man hin und wieder Bauern mit ihren Eselskarren. Es sieht sehr malerisch aus, aber die Preise sind astronomisch. Mit Teppichen, Schmuck und viel modischem Tand versuchen Zigeuner und afrikanische Händler auf Plätzen ihre Waren zu verkaufen. Die Preise unbedingt herunterhandeln. Kaufen Sie niemals Brötchen oder andere offene Eßwaren an Ständen – das beste Mittel für Darmkrankheiten.

Glücksspieler
Man trifft sie in Arrecife und auf der Promenade von Puerto del Carmen. Bei den Spielern, die mit Würfeln arbeiten, handelt es sich auch hier um eingespielte Teams, bei denen der Fremde immer Verlierer ist. Und wenn man unbedingt zugucken will, sollte man auf sein Geld aufpassen.

Gratisfahrten
Diese üble Unsitte ist nun auch auf dieser Insel anzutreffen. Da wird mit Handzetteln für Gratisfahrten geworben, das heißt, es sind getarnte Verkaufsfahrten, bei denen Decken, Töpfe und ähnliches zu horrenden Preisen angeboten werden.

Jeep-Safaris
Diese Rundfahrten werden immer noch angeboten, obwohl es immer weniger Pisten gibt und der Großteil überhaupt nicht befahren werden darf. Jeep-Safaris oder Foto-Exkursionen sind teuer und der Gegenwert ist gering. Wenn man mitfährt, sollte man vermeiden, auf den hinteren Plätzen zu sitzen.

Kriminalität
Diebstähle und Betrug kommen auf Lanzarote nicht häufiger vor

als anderswo. Aber der Tourismus hat auch die Gilde der Langfinger aktiviert, daher sollte man am Strand, in Läden und auf Promenaden unbedingt vorsichtig sein. Auf Bettler und Drogenhändler reagiert man am besten überhaupt nicht.

Lassen Sie niemals Taschen oder Koffer im Leihwagen liegen, auch nicht im Kofferraum. Selbst Hunde werden aus Autos gestohlen.

Sonne

Unterschätzen Sie nicht die Intensität der Sonnenstrahlen. Gegen die Sonne helfen: Kopfbedeckung, Sonnenschutz und schattige Plätze – vor allem während der Mittagszeit.

Time-Sharing

Hinter diesem Begriff verbirgt sich eine raffinierte Form von Apartment-Verkauf. Dabei wird für viel Geld das Nutzungsrecht – kein Eigentum – an einem Ferienapartment verkauft. Der Käufer erwirbt lediglich das Recht, für eine bestimmte Zeit im Jahr mietfrei sein Apartment bewohnen zu dürfen, dazu kommen jährlich noch Nebenkosten und Verwaltungsgebühren. Die meisten Time-Sharing-Firmen gelten als unseriös.

Touristenmenüs

Fast alle Lokale bieten die *Menu de tourisme* zum Festpreis an. Dabei handelt es sich in der Regel um einen Teller Suppe, ein Stück Fleisch oder Fisch und zum Nachtisch Obst oder Pudding. Die Touristenmenüs zeichnen sich durch Einfallslosigkeit aus und sind im Preis-Leistungsverhältnis zu teuer.

Verkehr

Auf Lanzarote wird rücksichtslos gefahren. Autos bremsen zu spät oder ignorieren Fußgänger. Vor allem an den oft unübersichtlichen Kreuzungen heißt es: doppelte Aufmerksamkeit. Lanzarotes Unfallstatistik liegt über dem internationalen Durchschnitt.

Auftreten

Einheimische sind immer wieder entsetzt über das Erscheinungsbild mancher Touristen. Halbnackt ein Café, ein Geschäft oder gar eine Kirche zu betreten, nackt zu baden oder am Strand zu liegen, sollte man mit Rücksicht auf die hiesige Lebensweise unterlassen. Übrigens ist auf Märkten und in Läden das Feilschen unüblich, ebenso wie mit Polizisten zu diskutieren, falls man ertappt wurde.

Clavigo aus Teguise

In Teguise wurde 1726 José Clavijo y Fajardo geboren. Der Schriftsteller war am Hofe von Carlos III. Theaterdirektor und Literat. Berühmt wurde er wegen seiner Affäre mit der Schwester des in Paris lebenden Autors Beaumont. Clavijo hatte sein Eheversprechen nicht gehalten, und Beaumont rächte sich, indem er das die Tatsachen entstellende Drama »Eugénie« schrieb. Dem jugendlichen Goethe kam das Werk zu Gesicht, und er nahm den Stoff als Vorlage für sein Trauerspiel *Clavigo* (1774).

In diesem Register finden Sie alle beschriebenen Orte, Sehenswürdigkeiten und Hotels. Fotos sind kursiv, Hauptnennungen halbfett

Orte und Sehenswürdigkeiten

Hotels

Was bekomme ich für mein Geld?

Die Pesete (Pesetas = Ptas) ist die spanische Währung. Es gibt Münzen von 5, 25, 50, 100, 200 und 500 sowie Banknoten von 500, 1000, 2000, 5000 und 10 000 Ptas. Die Pesete hat seit 1993 wie verschiedene andere europäische Währungen an Wert verloren. Für eine Mark erhält man derzeit ca. 80 Peseten.

Die Preise sind recht unterschiedlich. In Arrecife ist preiswerter einzukaufen als an der Costa Teguise oder in Puerto del Carmen. Für ein Glas Wein zahlt man in Arrecife 150 Ptas, in den Urbanisationen um 350 Ptas, eine Eiskugel kostet 150 bis 200 Ptas, eine Tasse Kaffee um 200 Ptas. Eintritt in die Höhle Jameos del Agua kostet 800 Ptas, die Taxifahrt zwischen Flughafen und Puerto del Carmen 1200 bis 1500 Ptas, die Busfahrt von Puerto del Carmen nach Arrecife dagegen nur 225 Ptas und ein Fünf-Minuten-Gespräch nach Hause etwa 1000 Ptas.

Für eine Flasche Lanzarotewein, den Malvasía, bezahlt man im Supermarkt ungefähr 700 Ptas. Für 1 l bleifreies Benzin 73,9 Ptas.

Eine Stunde Surfen kostet 25 und Tennis etwa 10 Mark. Die Schecks (Höchstsumme 25 000 Ptas) müssen in Peseten ausgeschrieben werden. Falls Sie ein Auto mieten wollen, ist eine Kreditkarte von Vorteil. Fast alle Hotels und Restaurants akzeptieren bekannte Kreditkarten wie Eurocard, Visa, Diners.

DM	Ptas	Ptas	DM
1	80,--	100	1,24
2	160,--	250	3,10
3	240,--	500	6,20
4	320,--	750	9,30
5	400,--	1.000	12,40
10	800,--	1.500	18,60
20	1.600,--	2.000	24,80
30	2.400,--	3.000	37,20
40	3.200,--	4.000	49,60
50	4.000,--	5.000	62,--
60	4.800,--	6.000	74,40
70	5.600,--	7.500	93,--
80	6.400,--	10.000	124,--
90	7.200,--	12.500	155,--
100	8.000,--	15.000	186,--
200	16.000,--	25.000	310,--
300	24.000,--	40.000	496,--
500	40.000,--	50.000	620,--
750	60.000,--	75.000	930,--
1.000	80.000,--	100.000	1.240,--

Sprechen und Verstehen ganz einfach

Zur Erleichterung der Aussprache:

c	vor »e, i« stimmloser Lispellaut, stärker als engl. »th«. Bsp.: gracias
ch	stimmloses deutsches »dsch« wie in »Dschungel«
g	vor »e, i« wie deutsches »ch« in »Bach«
gue, gui/que, qui	das »u« ist immer stumm, wie deutsches »g«/»k«
j	immer wie deutsches »ch« in »Bach«
ll, y	wie hartes deutsches »j« zwischen Vokalen. Bsp.: Mallorca
ñ	wie »gn« in »Champagner«
Abkürzung »Am«:	lateinamerikanisch

AUF EINEN BLICK

Ja./Nein.	Sí./No.
Vielleicht.	Quizás.
Bitte./Danke.	Por favor./Gracias.
Vielen Dank!	Muchas gracias.
Gern geschehen.	No hay de qué.
Entschuldigung!	¡Perdón!
Wie bitte?	¿Cómo dice/dices?
Ich verstehe Sie/dich nicht.	No le/la/te entiendo.
Ich spreche nur wenig …	Hablo sólo un poco de …
Können Sie mir bitte helfen?	¿Puede usted ayudarme, por favor?
Ich möchte …	Quisiera …/Desearía …/Me gustaría …
Das gefällt mir (nicht).	(No) me gusta.
Haben Sie …?	¿Tiene usted …?
Wieviel kostet es?	¿Cuánto cuesta?
Wieviel Uhr ist es?	¿Qué hora es?

KENNENLERNEN

Guten Morgen!	¡Buenos días!
Guten Tag!	¡Buenos días!/¡Buenas tardes!
Guten Abend!	¡Buenas tardes!/¡Buenas noches!
Hallo! Grüß dich!	¡Hola! ¿Qué tal?
Mein Name ist …	Me llamo …
Wie ist Ihr Name, bitte?	¿Cómo se llama usted, por favor?
Wie geht es Ihnen/dir?	¿Qué tal está usted?/¿Qué tal?
Danke. Und Ihnen/dir?	Bien, gracias. ¿Y usted/tú?
Auf Wiedersehen!	¡Hasta la vista!/¡Adiós!
Tschüß!	¡Adiós!/¡Hasta luego!
Bis bald!	¡Hasta pronto!
Bis morgen!	¡Hasta mañana!

UNTERWEGS

Auskunft

links/rechts	a la izquierda/a la derecha
geradeaus	todo seguido/derecho
nah/weit	cerca/lejos
Wie weit ist das?	¿A qué distancia está?
Ich möchte … mieten.	Quisiera alquilar …
… ein Auto	… un coche
… ein Fahrrad	… una bicicleta
… ein Boot	… una barca
Bitte, wo ist …?	Perdón, ¿dónde está …
… der Hauptbahnhof	… la estación central?
… die U-Bahn	… el metro?
… der Flughafen	… el aeropuerto?
Zum … Hotel.	Al hotel …

Panne

Ich habe eine Panne.	Tengo una avería.
Würden Sie mir bitte einen Abschleppwagen schicken?	¿Pueden ustedes enviarme un cochegrúa, por favor?
Wo ist hier in der Nähe eine Werkstatt?	¿Hay algún taller por aquí cerca?

Tankstelle

Wo ist bitte die nächste Tankstelle?	¿Dónde está la estación de servicio más cercana, por favor?
Ich möchte … Liter …	Quisiera … litros de …
… Normalbenzin.	… gasolina normal.
… Super./… Diesel.	… súper./… diesel.
… bleifrei/… verbleit.	… sin plomo./… con plomo.
… mit … Oktan.	… de … octanos.
Volltanken, bitte.	Lleno, por favor.

Unfall

Hilfe!	¡Ayuda!, ¡Socorro!
Achtung!	¡Atención!
Vorsicht!	¡Cuidado!
Rufen Sie bitte schnell …	Llame enseguida …
… einen Krankenwagen.	… una ambulancia.
… die Polizei.	… a la policía.
… die Feuerwehr.	… a los bomberos.
Haben Sie Verbandszeug?	¿Tiene usted botiquín de urgencia?
Es war meine Schuld.	Ha sido por mi culpa.
Es war Ihre Schuld.	Ha sido por su culpa.
Geben Sie mir bitte Ihren Namen und Ihre Anschrift.	¿Puede usted darme su nombre y dirección?

ESSEN/UNTERHALTUNG

Wo gibt es hier …	¿Dónde hay por aquí cerca …
… ein gutes Restaurant?	… un buen restaurante?
… ein nicht zu teures Restaurant?	… un restaurante no demasiado caro?
Gibt es hier eine gemütliche Kneipe?	¿Hay por aquí una taberna acogedora?
Reservieren Sie uns bitte für heute abend einen Tisch für 4 Personen.	¿Puede reservarnos para esta noche una mesa para cuatro personas?
Auf Ihr Wohl!	¡Salud!
Bezahlen, bitte.	¡La cuenta, por favor!
Hat es geschmeckt?	¿Le/Les ha gustado la comida?
Das Essen war ausgezeichnet.	La comida estaba excelente.
Haben Sie einen Veranstaltungskalender?	¿Tienen ustedes un programa de espectáculos?

EINKAUFEN

Wo finde ich …?	Por favor, ¿dónde hay …?
Apotheke	farmacia
Bäckerei	panadería
Fotoartikel	tienda de artículos fotograficós
Kaufhaus	los grandes almacenes
Lebensmittelgeschäft	teinda de comestibles (*Am* el almacén)
Markt	mercado

ÜBERNACHTUNG

Können Sie mir bitte … empfehlen?	Perdón, señor/señora/señorita. ¿Podría usted indicarme …
… ein Hotel	… un hotel?
… eine Pension	… una pensión?
Ich habe bei Ihnen ein Zimmer reserviert.	He reservado aquí una habitación.
Haben Sie noch …	¿Tienen ustedes …
… ein Einzelzimmer	… una habitación individual
… ein Zweibettzimmer	… una habitación doble
… mit Dusche/Bad?	… con ducha/baño?
… für eine Nacht?	… para una noche?
… für eine Woche?	… para una semana?
… mit Blick aufs Meer?	… con vistas al mar?
Was kostet das Zimmer mit …	¿Cuánto cuesta la habitación con …
… Frühstück?	… desayuno?
… Halbpension?	… media pensión?

PRAKTISCHE INFORMATIONEN

Arzt

Können Sie mir einen guten Arzt empfehlen?	¿Puede usted indicarme un buen médico?
Ich habe …	Tengo …
… Durchfall.	… colitis.
… Fieber.	… fiebre.
… Kopfschmerzen.	… dolor de cabeza.
… Zahnschmerzen.	… dolor de muelas.

Bank

Wo ist hier bitte …	Por favor, ¿ dónde hay por aquí …
… eine Bank?	… un banco?
… eine Wechselstube?	… una oficina de cambio?
Ich möchte … DM (Schilling, Schweizer Franken) in Peseten (Pesos) wechseln.	Quisiera cambiar … marcos (chelines, francos suizos) en pesetas (pesos).

Post

Was kostet …	¿Cuánto cuesta …
… ein Brief …	… una carta …
… eine Postkarte …	… una postal …
… nach Deutschland?	… para Alemania?

Zahlen

0	cero	19	diecinueve
1	un, uno	20	veinte
2	dos	21	veintiuno, -a, veintiún
3	tres	22	veintidós
4	cuatro	30	treinta
5	cinco	40	cuarenta
6	seis	50	cincuenta
7	siete	60	sesenta
8	ocho	70	setenta
9	nueve	80	ochenta
10	diez	90	noventa
11	once	100	cien, ciento
12	doce	200	doscientos, -as
13	trece	1000	mil
14	catorce	2000	dos mil
15	quince	10000	diez mil
16	dieciséis		
17	diecisiete	1/2	medio
18	dieciocho	1/4	un cuarto

Menú

Speisekarte

DESAYUNO	FRÜHSTÜCK
café solo	schwarzer Kaffee
café con leche	Kaffee mit Milch
café descafeinado	koffeinfreier Kaffee
té con leche/limón	Tee mit Milch/Zitrone
infusión (de hierbas)/tisana	Kräutertee
chocolate	Schokolade
zumo de fruta	Fruchtsaft
huevo pasado por agua	weiches Ei
huevos revueltos	Rühreier
pan/panecillos/tostadas	Brot/Brötchen/Toast
croissant (*Am* media luna)	Hörnchen
churros	Ölkringel *(Gebäck)*
mantequilla (*Am* manteca)	Butter
queso	Käse
embutido	Wurst
jamón	Schinken
miel	Honig
mermelada	Marmelade
müsli	Müsli
yogur	Joghurt

ENTREMESES/SOPAS	VORSPEISEN/SUPPEN
aceitunas	Oliven
alcachofas	Artischocken
boquerones	Sardellen
caracoles	Schnecken
chorizo	Paprikawurst
ensaladilla rusa	russische Eier
gambas al ajillo	Garnelen in Knoblauchsauce
gazpacho	kalte Suppe aus Tomate, Paprikaschote, Apfel, Öl, Essig usw.
jamón serrano	roher Schinken
mejillones	Miesmuscheln
tortilla (a la) española	Omelett mit Kartoffeln (und Zwiebeln)
tortilla (a la) francesa	einfaches Omelett
salchichón	spanische Salami
salpicón de marisco	Meeresfrüchtesalat
sopa de pescado	Fischsuppe
sopa de verduras (sopa juliana, sopa jardinera)	Gemüsesuppe

PESCADOS Y MARISCOS	FISCH UND MEERESFRÜCHTE
arenque	Hering
atún	Thunfisch
bacalao	Kabeljau, Stockfisch
besugo	Seebrasse
bogavante	Hummer
bonito	Thunfisch
calamares a la romana	panierte Tintenfischringe
dorada	Goldbarsch
gambas	Garnelen
langostinos	Riesengarnelen
lenguado	Seezunge
lubina	See-, Wolfsbarsch
paella	Reisgericht mit Meeresfrüchten und/oder Fleisch
parrillada de pescado	Fisch-Grillplatte
perca	Barsch
pescado a la marinera	in Tomatensoße mit Petersilie gedämpfter Fisch
platija	Scholle
pulpo	großer Tintenfisch
rape	Seeteufel
salmón	Lachs
trucha	Forelle

CARNE Y AVES	FLEISCH UND GEFLÜGEL
asado	Braten
bistec	Beefsteak
carne picada	Hackfleisch
carne de vaca	Rindfleisch
cerdo	Schwein
chuleta (*Am* costeleta)	Kotelett
cocido	Eintopf mit Fleisch, Kichererbsen, Gemüse, Kartoffeln usw.
cochinillo	Spanferkel
cordero	Hammel, Lamm
escalope	Schnitzel
estofado	Schmorbraten
filete	Filet, Lendenstück
guisado	Gulasch, Ragout
hígado	Leber
parrillada de carne	Fleisch-Grillplatte
pato	Ente
pollo	Hähnchen
rosbif	Rostbeef
solomillo	Filet, Lendenstück
ternera	Kalb

ENSALADA Y VERDURAS	SALAT UND GEMÜSE
alcachofas	Artischocken
berenjenas	Auberginen
cebollas	Zwiebeln
coliflor	Blumenkohl
ensalada variada/mixta	gemischter Salat
ensalada del tiempo	Salat der Saison
escarola	Endivie(nsalat)
espárragos	Spargel
garbanzos	Kichererbsen
guisantes	Erbsen
judías	Bohnen
lechuga	Kopfsalat
patatas (*Am* papas)	Kartoffeln
patatas (*Am* papas) fritas	Pommes frites
pepino	Gurke
pimiento	Paprikaschote
pisto (manchego)	geschmorte Paprikaschote, Tomate usw. (mit Kürbis)
setas	Pilze
tomate	Tomate
zanahorias	Karotten

POSTRES, QUESO Y FRUTA	NACHSPEISEN, KÄSE UND OBST
albaricoques (*Am* damascos)	Aprikosen
arroz con leche	Milchreis
compota	Kompott
flan	Karamelpudding
fresas (*Am* frutilla)	Erdbeeren
higos	Feigen
macedonia de frutas	Obstsalat
manzana	Apfel
melocotón (*Am* durazno)	Pfirsich
melón	Melone
naranja	Apfelsine
natillas	Cremespeise
pera	Birne
piña (Am ananás)	Ananas
plátano (*Am* banana)	Banane
queso de cabra	Ziegenkäse
queso (de) Gruyère	Emmentaler Käse
queso manchego	»Mancha«-Käse
queso de oveja	Schafskäse
sandía	Wassermelone
tarta	Torte
toronja	Pampelmuse
uvas	Weintrauben

HELADOS/DULCES	EIS/GEBÄCK
bombón	Praline
café helado	Eiskaffee
chocolate	Schokolade
churros	fettgebackene Hefekringel
copa de helado	Eisbecher
dulces	Süßigkeiten
galletas	Kekse
helado variado	gemischtes Eis
nata	Sahne
tarta de frutas	Obstkuchen

Bebidas
Getränkekarte

BEBIDAS ALCOHOLICAS	ALKOHOLISCHE GETRÄNKE
aguardiente	Schnaps
caña de cerveza	Bier (kleines Glas)
Cariñena	herber Tischwein
cerveza de barril	Bier vom Faß
Chacolí	herber Aperitif
Jerez dulce/oloroso	süßer Sherry
Málaga	sehr süßer Dessertwein
Manzanilla	herber Weißwein
Montilla	herber Aperitif
Moriles	herber Weißwein
Priorato	herber Rot- oder Weißwein (aus Katalonien)
Ribeiro	herber Rotwein (Tischwein aus Galizien)
Rioja	herber Rot- und Weißwein
Sangría	Rotweinbowle (mit Früchten)
Valdepeñas	herber Rot- und Weißwein (aus der »Mancha«)

BEBIDAS NO ALCOHOLICAS	ALKOHOLFREIE GETRÄNKE
agua mineral	Mineralwasser
batido	Milchmixgetränk
gaseosa	Sprudel mit Geschmack
horchata	Erdmandelmilch
leche	Milch
zumo (*Am* jugo) de naranja	Orangensaft